高校校园文化建设的多维度探究

匡 晶◎著

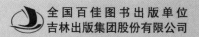

全国百佳图书出版单位
吉林出版集团股份有限公司

图书在版编目（CIP）数据

高校校园文化建设的多维度探究/匡晶著.--长春：
吉林出版集团股份有限公司，2023.6
ISBN 978-7-5731-3814-9

Ⅰ.①高…Ⅱ.①匡…Ⅲ.①高等学校－校园文化－
建设－研究－中国Ⅳ.①G647

中国国家版本馆CIP数据核字(2023)第132084号

GAOXIAO XIAOYUAN WENHUA JIANSHE DE DUO WEIDU YANJIU

高校校园文化建设的多维度研究

著　　者：匡　晶
责任编辑：欧阳鹏
封面设计：冯冯翼
开　　本：710mm×1000mm　1/16
字　　数：210千字
印　　张：11
版　　次：2023年6月第1版
印　　次：2023年6月第1次印刷

出　　版：吉林出版集团股份有限公司
发　　行：吉林出版集团外语教育有限公司
地　　址：长春市福祉大路5788号龙腾国际大厦B座7层
电　　话：总编办：0431-81629929
印　　刷：长春新华印刷集团有限公司

ISBN 978-7-5731-3814-9　定　　价：66.00元

前　　言

　　文化问题一直以来是关乎人类社会生存与发展的永恒主题。"国民之魂，文以化之；国家之神，文以铸之"。文化不仅是民族的灵魂、国家的软实力，还是人类不可缺少的精神家园。对于高等学校而言，文化是其灵魂，贯穿于整个高校体系，体现于人才培养、科学研究和服务社会等方面，是高校自身可持续发展的动力和源泉。文化传承创新不仅是高校的重要职能、努力的方向，还是一个历久弥新的课题。高等教育改革和发展越深入，高校校园文化的作用就越突出，建设任务也就越艰巨。因此，高校应坚守使命，建设有鲜活个性特质的高校校园文化。

　　高校校园文化对于大学生的成长和发展具有重要作用，它无声无息地熏陶和感染着师生的思想观念、价值取向、心理状态和行为方式。高校校园文化在发挥潜移默化育人功能的同时，还对社会发挥着积极的引领和辐射作用，能够促进社会主义文化发展繁荣，推进社会主义文化强国建设，释放中华民族伟大复兴的强大文化力量。

　　本书属于高校校园文化方面的研究著作，以高校校园文化建设为研究重点，并且理论与实践相结合，具有一定的理论与指导作用，能够成为校园文化的从业者和研究爱好者的学习和参考用书。本书在撰写过程中得到了许多专家学者的帮助与指导，并参考了大量的相关学术文献，在此一并表示真诚的感谢。由于笔者水平有限，书中难免会有不足之处，希望各位专家和读者予以批评、指正，以期日后修改，使之更加完善。

2023 年 4 月

目　录

第一章　高校校园文化建设的阐述

第一节　高校校园文化建设的意义与内容

一、高校校园文化建设的意义

任何组织在存在和运转了一定的时间以后都会形成一些共同的目标和追求,共同的信念和价值观,共同的行为方式和习惯,这些就是该组织的文化。组织的文化是必然要发生的,不管该组织的领导者或组织成员是否意识到它是一种客观存在。校园文化亦然,这种尚未被组织成员自觉建设的校园文化叫作"自在的校园文化"。

由于各个学校的建立背景不同,校长、教师的素质不同,学科领域不同,学生来源不同,学校的发展过程不同,在这个发展过程中形成的文化也就千差万别。这就是高校校园文化的个异性。英国有两所世界著名的大学——牛津大学和剑桥大学,两校相距极近,历史上还曾经是同一所大学,但二者的校园文化却表现出不同的个性:牛津更重视传统,严谨但稍保守;剑桥更重视创新,活跃而不失科学。人们称经过学校有意识建设的高校校园文化为"自为的校园文化"。高校校园文化建设是"自在的校园文化"通向"自为的校园文化"的桥梁。

校园文化的个异性带来了校园文化评价上的困难。由于学校是培养人才的地方,毕业生的素质高低应是校园文化优劣的标尺。但至少有一点是可以肯定的：从育人效果的角度观察，任何一所高校，其校园文化总有一些是有利于人才培养的文化，人们称之为优性文化，如良好的学风和校风、高远的目标、高尚的道德、融洽的人际关系、完美的公众形象等；同时，也必然存在一些不利于人才培养的文化，人们称之为劣性文化，如一些不良行为习惯和不良风气（上课迟到、打架斗殴、不讲卫生等）。

显然，未加引导的"自在的校园文化"中往往优势文化少而不稳定，劣性文化多而成气候，这就需要自觉地进行高校校园文化的建设，即学校的领导者根据教育方针有意识地倡导和扶植那些优性文化，批评和纠正那些劣性文化，使高校校园文化不断得到优化和完善。

（一）加强高校校园文化建设是深化高校教育改革、优化育人环境的重要内容

高校校园文化从内容结构上讲表现为三种形式：一是校园物质文化，主要指校园环境、图书资料、教学设施、文化设施等，是校园文化的基础；二是校园制度文化，主要指领导体制、组织机构、管理制度、行为规范等，是联系校园物质文化和校园精神文化的纽带；三是校园精神文化，主要指办学方向、教育思想、校风、学风等，是校园文化的核心。加强高校校园文化建设，打造各具特色的校园物质文化、校园制度文化和校园精神文化，是丰富学校的教育内容、教育活动和优化教育环境的主要内容。

（二）加强高校校园文化建设是加强高校思想政治工作的重要途径

高校不仅要向学生传授知识和技能，而且要提高学生的思想素质。当前除通过思想政治理论和思想品德课的主渠道对大学生进行思想政治教育外，还要加强高校校园文化建设，利用高校校园文化对学生进行思想教育，在学生中开展具有思想性、教育性、趣味性的校园文化活动，来活跃学生思想、丰富学生才干、陶冶学生情操,帮助学生树立正确的世界观、人生观、价值观,增强抵御自由化思潮的能力。只有把政治教育根植于高校校园文化中,才能更好地帮助学生理解党的基本路线,掌握中国特色社会主义理论。

（三）加强高校校园文化建设,有助于全面提高学生的素质

加强校园文化建设,打造清新雅致的校园,培养团结向上的校风和学风,构建优良的教学秩序、生活秩序,对身临其境的教职员工有无形的感染力、约束力、促进力。开展多学科、多层次、多内容的校园文化活动不仅有利于拓宽学生知识面,改善学生知识结构,而且有利于培养学生的参与意识、竞争意识和成长意识;不仅有利于培养学生的思维表达能力、交际协调能力、组织管理能力,而且有利于促进学生个性发展,增强学生自信心、自尊心、社会责任感、历史使命感,促进学生素质的全面提高。

1. 提高大学生文化素养,完善其知识结构

课堂教育是传授知识的主渠道,课余科技文化活动是课堂教育的延伸和补充,高校校园文化的发展使两者有机地结合起来,共同发挥育人的作用。传统的教育教学模式和内容已远远不能满足新时代学生的要求和社会的需要。高校应从多个方面直接改革常规教育的手段,应为学生提供展示风貌、表现才智、提高能力、发展自我、完善知识结构的广阔天地。良好的校风、教风、学风是无形的力量,可以创造积极进取、奋发向上的环境氛围,使教师以严谨的态度和高尚的人格去影响学生,也使学生亲其师、信其德、学其知,学习的兴趣得以激发,知识得以丰富,朝着教师期望的方向发展。

2. 提高大学生思想觉悟,培养其进取精神

作为高校校园文化灵魂和核心的校园精神文化能引导大学生积极进取、努力成才。高校校园文化形式多样,寓教于乐,以熏陶为主要手段,是对

学生进行思想政治教育的有效途径之一;广大学生通过参加校园文化活动,能在潜移默化中得到启迪和教育,对自己的人生观和信仰进行审视,实现提高思想觉悟、培养进取心的目的。

3. 提高大学生审美情趣,加强其自身修养

具有一定文化色彩和教育意识的校园环境能使学校的各种物化的东西都体现出本学校的个性和精神,使学生不知不觉地受到熏陶、暗示、感染,产生一种崇高的文化享受和奋发向上的热情。高校校园文化中内容健康、形式多样、格调高雅的精神文化活动为大学生充分表现爱美的天性提供了机会和条件,让他们能以各自的审美情趣美化生活,培养对美的感受能力、欣赏能力、判断能力和创造能力,确立高尚的道德情操和审美情趣,完善自我,自觉抵御那些低级淫秽、腐朽没落、毒害青年学生健康成长的、与社会主义精神文明格格不入的文化活动的影响。

4. 提高大学生多方面能力,促进其全面发展

高校校园文化能以其奇妙的凝聚力和向心力把师生吸引到丰富多彩的文化活动中来,从而增加了师生相互接触的机会,扩展了学生交往的空间,锻炼和培养了学生多方面的能力,促进其全面发展。科技类高校校园中的文化活动对提高学生的科研综合能力和自学能力大有裨益;社会实践活动则能够使学生了解大千世界,丰富社会阅历,有助于他们分析问题、认识问题能力的提高;体育类活动则可以强壮身体,培养学生坚韧不拔的进取精神和集体主义精神。同时,不少学生在高校校园文化活动中既是参加者,又是组织者,他们通过活动能锻炼自己的领导组织才能。

5. 提高大学生心理素质,增进其身心健康

心理素质教育既是当代心理学的一种新的发展,又是当代学校教育的

一种新的发展,同时也是当代社会对心理学和学校教育所提出的新要求。当今大学生中独生子女比例越来越高,加上多年传统的应试教育,有些学生成了"高分低能"型的人,他们进入高校后,对环境的适应能力、独立生活能力都较差,常常会导致许多心理问题;同时随着新的就业机制的建立,大学生在面对纷繁复杂的社会生活要求和激烈的市场竞争时缺乏必要的心理适应能力,往往会焦虑紧张,甚至出现心理障碍和心理疾病。高校校园文化活动的开展为大学生提供了适应大学生活和社会生活的条件和机会,同时心理健康辅导、心理咨询及大学生心理卫生协会等成为学生进行思想感情沟通、增进身心健康、提高心理素质的有效方式。

二、高校校园文化建设的内容

校园文化建设的内容很广泛,主要有下述七个方面。

(一)校风学风建设

校风和学风是学校传统的主要载体,是高校校园文化的核心内容,也是高校校园文化建设的重点。

风气乃是多数人的行为习惯、价值取向的体现,可以潜移默化地转变人们的思想和行为。高校校园风气对人的影响亦然。当各校大学生混杂在一起,细心的人常可以从他们言谈举止的不同特点中辨别出他们来自哪一所高校。校风学风建设是学校的基础性工作,也是高校校园文化建设的主要落脚点。

(二)学校制度建设

校园里良好的教学秩序、生活秩序需要一系列校规校纪来维护。制度是高校校园文化的组成部分,制度背后是高校的办学方针、培养目标和主流价值观。对于青年学生而言,养成良好的行为习惯并非易事,克服不良的行为习惯更加困难,单靠思想工作和风气的感染是不够的,必须由校规校纪来约束,其行为被强制性地限定,久而久之,养成良好习惯的行为会由不自觉升华为自觉。因此,学校的制度建设不可轻视。

(三)社会实践环节建设

优秀的人才必须依靠实践将知和行结合、统一起来。实践在增长知识、锻炼才干方面具有重要作用。实践不只是个人的生活实践、高校校园内的教学实践、课外文化和科技活动的实践,更包括走出校门的社会实践。社会是培养学生的广阔课堂,青年学生在这个大课堂中可以了解国情,接触工农,运用所学知识解决实际问题,从中发现自己的长处和短处,从成功中树立成才报国的信心,从挫折中找到努力的方向。改革开放进一步打开了学校的校门,使广大青年学生能够在校内校外两个课堂受教育。相应地,校外的社会实践也将强有力地影响学生的志向、抱负、价值观念和行为方式,成为高校校园文化的一个重要推动力量。因此,逐步完善和加强学生社会实践的各个环节也是高校校园文化建设的重要组成部分。

(四)校园文明建设

校园文明建设包括两个方面:第一,学校物质环境的建设;第二,学校文明风气的建设。高校校园的物质建设包括校门、教学楼、实验室、宿舍、礼堂、图书馆、体育馆等的设备水平和建筑风格;校牌、校徽、校标、校旗、校花、校色、校歌、校服等标志物;纪念碑、塑像、命名建筑等校内文物。它们是高校校园文化的外显层次,是学校形象的视觉识别对象,也是群体价值观的物质载体,理应成为高校校园文化建设的组成部分。而礼貌、良好的风度和秩序,以及校园中的文明风气是校风的重要内容,也是育人的软环境之一,应列入校园文化建设的内容之中。

（五）队伍建设

校园文化建设是一个浩大而艰巨的系统工程,不能一蹴而就,必须长期坚持才能收到实效。因此,高校必须造就一支强有力的队伍,统一指挥,协力实施。队伍的灵魂是高校领导班子,教职工队伍是校园文化建设的主力军,而思想政治工作队伍则是主力军中的排头兵,学生骨干队伍是进行高校校园文化建设的依靠力量。高校应针对这几支队伍的各自特点采取有力措施,加强其组织建设、思想建设和作风建设。这是高校校园文化建设的组织保证。

（六）课外学术、科技活动

从学生角度看,学习不仅是有组织、有指导的过程,而且是以学生为主体的能动的、创造性的过程。学习已成为校园文化的主要载体,而学风就成为高校校园文化的主要内容。

良好的学风离不开课堂的培养,更有赖于学生在课外学术活动、科技活动中的锤炼和体验。因此,学生课外学术活动和科技活动也是高校校园文化建设的重要内容之一。

（七）课外文化体育活动

学习是学生的主要活动,但并不是学生的唯一活动。健康的体魄是将来大学生担当大任的条件之一,因此文化体育活动是高校校园文化建设的主要内容,尤其体育运动和比赛是培养学生集体观念、竞争观念、自强观念和良好意志品质的重要环节,是高校校园文化不可缺少的组成部分。高等教育时期是学生独立人格形成的时期,他们有多种不同的兴趣爱好,有多方面的潜力和才能,有多方面的需求和渴望,所以课外文化活动历来能受到学生的欢迎和响应,成为高校校园文化最令人关注的内容之一。健康的、丰富多彩的课外文化活动不仅会使校园生活充满乐趣,利于学生形成良好的人际关系、乐观向上的性格以及高雅的审美情趣,还可以使学生受到爱国、爱党、发奋成才思想的熏陶感染,是学生形成健全人格不可缺少的培养环节。

三、高校校园文化建设的根本任务——培养人才

建设和发展高校校园文化必须围绕培养人才这一根本任务进行。

(一)高校校园文化建设中学生素质的培养

高校在建设校园文化时,应该注意通过各种方法创建优良的学习生活环境,使每个学生生活于其中时都能有意无意地在思想观念、心理素质、行为方式和价值取向诸方面受到熏陶、感染,从而实现对学生性格的塑造。

目前,学生群体中存在各种思想问题,解决这些问题的方法既包括教育的方法,也包括环境陶冶的方法。现代社会生活对学生的影响是巨大的,学生反对把事业和生活分割开来、对立起来,因为他们认为事业本身就是生活的组成部分。他们提出:享受生活是为了更充实地开拓事业,而开拓事业也是为了更快乐、更美满地生活。因此,现代社会的学生既能啃着面包在图书馆、计算机房从早泡到晚,并在学校规定的课程之外加修多门课程,又能兴高采烈地跳舞、野餐,他们努力追寻事业与生活的最佳结合点。面对学生这种价值观念和思维方式的转变,传统的教育已显得极不适应,必须加以改革。今天的教育应该以尊重人、关心人、爱护人为原则,采用民主讨论的方法,运用现代技术手段对学生实施教育。建设校园文化、营造优良的育人环境正是完善现代教育非常有效的途径之一。

中国近代一百多年来寻求民族现代化的历史说明民族的振兴绝不能仅仅依靠"船坚炮利",如果没有传统文化的更新,人们的文化素质、思想观念依然故我,那么再先进的设备、再完善的制度都将成为没有灵魂的空壳。所

以,高校培养人才时绝不能仅仅满足于对学生知识的灌输和技能技巧的训练,而应在重视知识、技能的同时,以更大的热情、更多的精力对学生进行情感的熏陶、性格的培养、意志的培养。这种心灵的塑造完全不同于仅仅通过说教、演示、操练就可以完成的知识技能的培养,它只能靠文化环境形成心灵的感应、精神的升华、观念的更新。尤其对于 18 ~ 25 岁的大学生、研究生来说,他们的世界观、人生观正在经历着自我觉醒、自我确立的过程,因此他们的思想格外活跃,观念容易改变。一方面,他们十分需要寻求思想的依托,以缓解内心各种观念的冲突;另一方面,他们又特别排斥说教。所以,良好的文化氛围对帮助大学生确立远大的人生理想、健康的人生哲学、乐观的人生态度都是极其有益的。

(二)高校校园文化建设中培养人才的途径

1. 把思想理论指导与重视环境熏陶结合起来

在进行系统的思想理论教学的同时,注重通过各种形式组织各类健康向上、欢快、热烈的文娱体育活动,让学生在其中感受生活的乐趣,激发对生活的热爱与对美好未来的向往。

2. 把理论教育与实践锻炼结合起来

学生的思维方式往往理想化、形式化,容易对复杂的生活想当然,因此走出校门后难以适应社会,书本上的理论往往解决不了实际问题。为了突破重理论、轻实践的传统教育方式,高校应该千方百计地为学生提供各种参加社会实践的机会。这样既可使学生能够在实践中检验自己的知识水准,激励学习的自觉性,又可使学生增进对社会的了解,加快适应社会的进程。

3. 把整体教育与个别指导结合起来

同年级的学生因为年龄相近,有着共同的生理、心理特征,为实施整体教育提供了基础,但是由于每个人的生长环境、性格气质不同,他们对教育又有着各自不同的需求。因此,教育必须针对每个人所面临的问题进行深入、细致、具体的指导,这样才能有的放矢,收到成效。

4. 把思想引导与纪律约束结合起来

学生的成长既需要思想上的引导、教育,也需要纪律上的约束、限制;既要重视学生创造能力的培养,也要重视纪律的客观约束作用。因此,校园文化的建设既要重视思想教育又要重视纪律制度的执行。

四、高校校园文化的结构

(一)高校校园文化的主体结构

校园里最重要的就是人,无论是研究科学、传播知识的教师,学习文化知识、"世界观、人生观、价值观"正在形成中的学子,还是服务师生、维持学校运转的行政人员,他们都是校园文化的生产者、承载者和传播者。校园文化的形成、发展和定型根本上是主体努力的结果,是高校全体师生员工共同的主观追求和设计。因此,研究高校校园文化的主体结构就是以校园内不同身份、不同角色的人群为考察主体而展开的。

对一所大学而言,大学校园文化主要是由大学生文化、大学教师文化和大学管理者文化三种不同形态组成。三种文化形态相互依存,共同构成了大学校园文化的整体。其中,大学生文化处于最明显、最表层位置,它是最充满活力和创新能力的;大学教师文化处于最稳定、最核心层次,它是校园文化的主导力量;大学管理者文化是学校决策和管理所体现的文化,它是校园文化自觉发展、主动创新的基础动力。

1. 大学生文化

学生群体是校园中最大的群体。他们的专业学习、宿舍生活、社会实践、流行思潮等都是大学校园文化的重要组成部分。这个群体所独有的价值观念、思维特征、行为方式乃至生活习性等被统称为大学生文化。

对于大学生文化的类型，中外学者有着不同的观点。日本学者武内清把学生文化分为四种类型：学习型学生文化、娱乐型学生文化、偏离型学生文化、孤立型学生文化。美国学者克拉克和特罗根据大学生对所属大学的认同及其对知识学习关心的程度，把大学生文化分为四类：学业型文化、娱乐型文化、非顺应型文化、职业型文化。中国学者王建军、侯长林等人则把大学生文化划分为正式群体文化和非正式群体文化两类，以此更加凸显大学生文化的内涵。正式群体文化主要指大学校园里的班级以及那些跨学院、跨系、跨专业的学生社团等正式组织所形成的文化；非正式群体文化主要是指大学校园内各种非正式群体，比如"同乡会"以及班级内的小集团所形成的文化。

在大学生文化中，班级、社团等大学生正式群体组织以及其所形成的文化，对大学生的学习、生活影响巨大，因此关注班级文化、宿舍文化、社团文化等对大学生心理、生理健康发展都具有很大的意义。例如，华南理工大学的 Fresh 环保协会，通过发起或者参与各种形式的活动，如绿色草坪复种、瓶纸总动员、"地球一小时"游园会、"树牌大拯救"活动、"学长的火炬"华工书籍传递活动等，传播环保意识和倡导环保行动，这些活动的影响力已经从校内辐射到校外，其他大学的环保社团和社会环保人士纷纷参与其中。通过十多年的发展，该协会已经成为华南理工大学环保意识宣传和行动实践的苗圃。

相对于正式群体，非正式群体对学生成长和发展具有不可替代的作用，它在满足学生兴趣、爱好，特别是情感归属方面具有特殊的作用。例如，同乡会可以满足大学生的情感归属需要,这是正式组织所不能替代的。同时,非正式群体对大学生社会意识的形成,进行自我教育、自我锻炼以及主动学习都有积极的促进作用。

2. 大学教师文化

所谓大学教师文化就是指大学教师这个群体在长期的学术生涯中所形成的共同价值追求、思维方式、行为方式和生活方式。大学教师是校园内的第二大人群,虽然在数量上不是最多,但是由于这个人群具有整个校园最高的学术文化水平,以及在对内培育学生、对外传播大学形象中有着巨大作用,因此大学教师文化不仅是大学校园文化中的精华部分,更是一所优秀大学校园文化的主导和决定性力量。

美国学者凯塞尔曼把教师分为四对八种类型:学生取向型与学术取向型,权威型与朋友型,科学体系型与注重艺术型,文静气质型与爽朗气质型。中国有学者把教师分为三种对应类型:学术中心与教学中心的对立,专业取向与受雇者取向的对立,教学者与学习者两种角色的对立。另外,有中国学者认为我国的大学教师文化还可以分为教学型、科研型、思政型以及混合型等,但是比较一致的观点就是学术性是大学教师文化的最显著特征,这也是区别于大学生文化、大学管理者文化的重要特征。

"吾爱吾师,吾更爱真理。"亚里士多德的名言正是大学教师文化中学术性的体现,大学教师是知识的传播者,也是真理的探索者,他们肩负着培育人才和科学研究的双重职责,因此真理至上、学术至上就成为这个群体的共同价值追求标准。这样的价值追求体现在教师文化中的方方面面,体现在大学教师对学术的信念、忠诚与信仰,体现在大学教师对学术自由、学术责任的不懈追求,更生动地体现在大学教师在教育教学、科学研究、个人生活等待人接物的方式与方法上。大学教师本身以及其所形成的学术气场就是大学教师学术文化的生动体现。有学者认为，从某种意义上讲，大学教师文化实际上就是一种学术文化。当年因为有清华大学的王国维、梁启超、陈寅恪、赵元任四位国学大师对国学的研究与探讨，一时间国学文化成为清华大学的教师文化和学术文化的代表，成为清华大学校园文化的灿烂之花，影响了几代清华人的发展。"中国馆之父"、中国工程院院士、华南理工大学教授何镜堂不仅自己是建筑界的一面旗帜，更主动带动青年教师和学生形成团队，并打造独具特色的团队文化，在其工作团队成立的十多年里，共培养博士、博士后70多名，其中1人获评为全国建筑设计大师，10余人获全国青年建筑师奖。这些培养出来的学生，有些已经晋升为教授、院长、总建筑师、博士生导师，成为建筑行业的骨干力量。在何院士的带领下，团队不仅出人才，还设计了如上海世博会中国馆、侵华日军南京大屠杀遇难同胞纪念馆扩建工程及胜利纪念馆、钱学森图书馆等一批具有国际影响力的标志性建筑，以及国内300多所大学校园规划和建筑作品。这种由学术大师引领形成的团队学术文化，是一所高水平大学更为重要、更加典型的大学教师文化。

3. 大学管理者文化

大学的管理者主要包括学校领导、中层干部以及一般行政管理人员。所谓大学管理者文化就是指学校领导、中层干部及一般行政管理人员在长期的领导和管理实践工作中形成的价值观、思维方式、领导风格及管理行为方式等。

学校管理者作为学校的法定代表人和教育方针的实施者，他们的价值观念和行为方式对整个校园文化的倾向具有决定性的影响。可以说，有什么样的学校管理者文化,就有什么样的校园文化。情商之父、哈佛大学心理学博士丹尼尔·戈尔曼认为,存在六种领导风格:强力型、权威型、关系型、民主型、示范型和教练型,每一种领导风格都源于情商的不同组成部分。掌握了四种或者更多领导风格的领导人往往会营造出更好的工作氛围并取得更好的绩效。美国著名心理学家勒温根据领导者在领导过程中表现的工作作风把领导行为分为专制型、民主型、放任型。我国有学者认为,国内大学的中层管理者文化可以分为专制型、趋附型以及民主型三种。

在学校管理者当中,校长的办学理念对于一所大学的校园文化具有十分重要的影响,因此对校长角色的研究也就成为大学管理者文化研究中的重点课题。例如,北京大学校长蔡元培的管理实践体现了他自己的办学思想:教授治校,民主办学,学术自由,兼容并包。美国俄亥俄州立大学领导行为小组分析了一千多种刻画领导行为的因素,最后将其归纳为"抓组织"和"关心人"两大类。"抓组织"是指组织设计,明确工作目标,划定工作职责和领导关系;"关心人"是指建立干群之间相互信任的气氛,尊重下级意见,注意下级的情感、需求和问题。中国学者根据对中国现代著名大学校长的总结,提出优秀的大学校长必须具备的基本素质是:热爱教育、信念坚定;博学多识、长于管理;研究教育、改革教育;以身作则、育人为先。关于大学校长的作用,有学者认为,大学校长要做大学发展的设计者、学术管理的主持人、大学精神的培育者以及校内外资源的整合者。

(二)高校校园文化的层次结构

根据文化的存在质态,高校校园文化目前形成了几种不同的分层方法,如二分法(物质文化和精神文化)、三分法(物质文化、制度文化和精神文化)、四分法(物质文化、制度文化、行为文化和精神文化)。此外,还有多要素的分法。下面主要介绍四分法。

物质文化、制度文化、行为文化和精神文化四个层面相辅相成,相互联系,密不可分。它们从内而外、由里及表形成了一个"同心圆形"结构,其中精神文化为核心与灵魂,是内核层;制度文化是规范和保障,行为文化是其他要素的实现途径,两者为中间层;以高校存在的物质形态为载体的物质文化是校园文化的外层表现。

1. 精神文化

高校校园精神文化是高校发展历史过程中,经过长期的积淀、选择、凝聚、发展而成的,集中反映一所学校的办学宗旨、培养目标及其独特个性,并为广大师生员工所认同的精神财富。它主要包括学校全体成员认同并遵循的历史传统与办学理念,以及校园群体所深刻、稳定表现出的共同价值、理想、信念等精神状态,往往以校风、教风、学风、班风,以及校训、校徽、校歌、校史、高校形象识别系统等外在形式表现出来。

校园精神文化及其所造就的氛围,使校园内的每个个体都浸润其中,潜移默化地产生深远的影响,从而形成某种趋向和定势,并建立起自身的行为准则、价值取向、生活习惯和规范体系,以此来引导高校师生乃至整个社会群体的行为、心理,使其在潜移默化中接受共同的思想引导、情感熏陶、意志磨炼和人格塑造。因此,高校精神文化对于学生成长成才、高校可持续发展和社会进步具有重要的意义和作用,也是一所高校最为宝贵的无形资产。

具体来说,高校校园精神文化又包含两个层次的内容:一是社会意识形态,二是校园心理。现代高校不是与世隔绝的世外桃源,政治、哲学、艺术、宗教等社会意识形态对校园精神文化产生巨大的影响。同时,一所高校的历史传统、价值追求、精神风貌等精神文化也深刻地体现着社会意识形态。

因此,校园精神文化一定是反映一个时代的社会意识形态的。另一个层面上,一所高校优良的校风、教风、班风和积极向上的精神面貌,体现了师生员工对社会文化、对学校历史传统、办学理念的认知与认同,也体现了师生员工对学校深厚的情感,愿意以学校的发展目标作为共同的理想追求,并愿意为此而共同努力奋斗。因此,精神文化是一所高校精神状态与思想认识的综合,是一所高校校园心理的最直接体现。

2. 制度文化

高校校园制度文化是高校在教学、科研、管理、生活、活动中,为了规范和约束师生员工的行为,维护正常的教学秩序和生活秩序而制定出的各种规章制度中所体现出的文化。它既包括反映学校建制的高校组织结构,也包括反映学校校园制度文化共性的法律法规、体现不同学校制度文化个性的管理制度。制度文化不仅是学校调控程度、监控原则和管理张力的体现,也是校园文化向更深层次发展的前提和保障。

制度文化的建设不仅是学校规章制度的制定、修订和执行,更重要的是用制度"化"人。高校制度文化建设是一项复杂的系统工程,制度文化需要经过制度建立期,引导学校各项工作;制度完善期,根据师生的意见建议逐步完善;制度成熟期,在不断实践、完善、再实践的过程中,将学校的优良传统、办学理念、价值取向等精神文化融入制度之中,最终形成真正的制度文化;制度发扬期,制度文化形成之后,还需要学校师生员工、校友等继续将这种文化发扬,吸收新鲜元素,不断修正,形成一个开放的文化系统。

高校章程作为现代大学制度建设的重要载体,对促进依法办学和构建现代大学制度,具有不同寻常的意义。但是我国高校章程制定工作还处于起步阶段,高校章程建设工作仍任重道远。高校章程的生命力在于实践,大学章程确定了高校办学活动的基本准则,是学校制定规章制度的前提。高校要制定并实施符合高校章程规定的学校规章制度体系,促进学校治理体系的规范化和现代化。

3. 物质文化

我国著名的教育家陶行知先生曾说:"校有校容,在其内必形诸外,我们首先要重视艺术化的校容……我们所要的校容不是浪费的盛装,而是内心的艺术感所求的朴素表现。我们的校容要井然有序,秩然有序,凛然不可侵犯之威仪。"高校校园的物质文化是以物质形态存在的一种文化,它是一种外显文化,构成高校校园的物质环境,是高校其他文化存在和发展的物质基础。

高校校园文化的外部载体是高校的各方面物质基础,而高校校园文化又内化于校园的每一个物质存在,成为真实可感的文化形式。物质层面的文化是处于最外层的文化,是文化的显性符号,主要包括建筑文化、文化设施等。

物质本身并不是文化,但任何人造物上都蕴含着人们的某些思想、情感等精神内容。因此,校园物质文化是校园文化的基础和外在标志,发挥基础性的作用。这些根据一定的目的去设计或创造出来的、有特定文化内涵的人文环境,包含了其设计者与使用者的价值观念、审美情趣及其他社会寓意,这种沉淀了一定文化观念的物质存在物,不仅具有形象、直观的特点,而且具有持久性。因此,物质文化不仅为高校的教育活动和教育过程提供良好的物质空间,更重要的是它展示的效果是精神氛围性的,折射出校园特有的理想、追求和价值取向,自然地形成了特有的校园气息,以其内在的价值观念激励人、感染人、鼓舞人、影响人的行为和观念,从而达到环境育人的效果。

4. 行为文化

行为文化层,或称为方式文化层,它是各种精神文化传播的组织与设计,也被称为"活文化"。它是在高校物质文化、精神文化和制度文化的熏陶下,内化为个人素质后在行为上表现出来的一种文化形式,是高校校园文化的主要体现者。高校校园行为文化包括了高校校园内师生员工日常的工作、学习、生活、起居等各种行为,他们所从事的教育教学、科学研究、组织管理、文化娱乐等活动,都体现了一所高校所特有的文化气息。

行为文化是校园文化的动态层面。高校物质文化的建设与创造、高校精神的创造与发扬、高校制度的制定与运行,都是个人的行为活动,因此有什么样的校园文化就会有什么样的行为主体的表现。这种表现形成了高校的动态文化氛围。这种文化氛围反过来又会推动高校校园文化的建设与品位的提升,熏陶和塑造个人的内在素质。在人与文化的互动过程中完成了优秀的校园文化建设与高素质人才培养的结合。

人是积极的社会行动者,通过自己的行动创造大量文化,并从中吸取精华指导行为,进而再生产或改变已有的文化或制度。随着规模的不断扩大和功能的复杂化,我国现代意义上的高校内部产生了学术和管理两个不同的组织,它们有着不同的行为文化特征。学术组织将高校里的最大两个群体——学生和教师联系起来,其组织文化是专业文化,用专业手段进行教学,用专业标准组织知识和评价学生成绩;管理组织由高校管理者组成,他们在高校内部建立密切协作,同时将高校与外部社会联系在一起,其组织文化是管理文化,突出对工作业绩的追逐。

（三）高校校园文化的时间形态结构

高校校园文化的其他结构分法,学者也有不同的意见,有的分为软件、硬件结构,有的从显性文化、隐性文化来划分,还有的分为感性文化、理性文化,这些大都是从文化构成状态角度入手分类研究。而从文化的时间形态上进行划分,则是一个具有较大研究价值的新角度。从文化演变的时间过程角度出发进行划分,校园文化可以分为传统文化、现代文化两个层次。

校园传统文化是指学校发展过程中形成的习惯、历史记录以及传统的管理体制、运行机制和文化心理等,它是学校发展史上被广大师生认同并传承着的东西。一所高校里一直延续的办学方式与教学方式、办学成就和育人成果、办学的条件环境等,它们所体现的学校群体成员的思想观念、价值准则,以及他们所表达的高校形象等文化内涵,都是在岁月积累中逐渐固定、凝聚而成的。作为一种历史的积淀,传统文化对现实发挥着基础性的影响和作用。现实的校园文化总是在传统文化的继承和发展中呈现出来的,它可能是有形的,比如学校历史上的学术大师等;它也可能是无形的,比如勤奋好学的学习风气。总之,传统文化具有感召力和影响力,对生活在校内的每一个人的道德教育、感情陶冶和精神塑造起到浸润的作用。

校园现代文化是指具有时代特色的、在文化交流中出现和形成的思想观念、行为方式、制度体制及物质设施的新变化等。重视校园生态环境建设,关注环境观念的变化,关注在适应市场经济基础上道德观念和言行方式的改变,关注具有正能量的人的本身,是校园现代文化在新时代的突出体现。校园现代文化与传统文化有着密不可分的联系,校园文化正是在现代文化与传统文化的不断融合中走向文化的新领域,形成新的文化,使广大师生在道德观念、生活态度、思维方式、行为模式、心理发展、价值取向等方面表现出新的发展与提升。

传统文化与现代文化共同构成现实的校园文化。传统文化是校园文化发展的基础,现代文化是校园文化发展的动力。校园文化在它们的相互融合中继承,同时在它们的相互冲突中发展。

第二节　高校校园文化建设的领导与管理

高等院校的师生员工是高校校园文化建设的主体和基础力量。学校的各级领导在高校校园文化建设中处于主导地位。而居于各级领导岗位上的领导者,既是高校校园文化建设的总体设计者,又是决策者、组织者、指挥者和协调者。没有各级领导者的参与、重视与支持,就不可能有高校校园文化活动的建设与发展。领导和领导者不是一个概念。所谓领导是指率领并引导被领导者朝一定方向前进的行为过程。政治、哲学、管理科学都从各自角度研究领导行为。

现代社会心理学研究中多采用广义的定义。一个领导者在实施行为过程中,一般包括职务活动、影响、权威和集体行动四个要素。①领导者的活动应是高效的行动,而不仅仅是声望、成就或才能的表现。②领导活动必须包含社会互动。因为领导影响的是过程,只能在互动中存在。③领导者是居于一个群体或组织的核心人物,由他发动或决定群体行为。④凡是领导者行为的中心影响必定与集体行为有关。这是因为领导者的言行不仅为其群体所支持与拥护,还成为群众所认同的对象,其结果必然会造成集体行为。

一、高校领导者的责任与作用

高等院校领导者在高校校园文化建设中承担着重要的责任,这种责任具体体现在以下作用的发挥上。

(一)领导者的示范作用

领导者在高校校园文化活动中的示范作用是非常重要的。所谓示范就是各级领导者在高校校园文化活动中不仅要积极参与,还要发挥带头作用。领导者的参与和带头,不但可以表现领导者的重视和支持,而且可以在师生中树立良好的形象。这种良好的形象,会像磁铁一样产生吸引力,形成最佳的领导效果。同时,领导者参与必然要和师生打成一片,这样就和师生感情脉脉相通,在师生心理上产生亲切感,这种亲切感必然会形成一种自发的凝聚力。另外,领导者在高校校园文化活动中能发挥带头作用,身先士卒,率先垂范,就会在下级和师生的心理上产生敬爱感,这种敬爱感本身就是一种无声的号召力。领导者的示范作用,既是领导者的责任,又是领导艺术的具体体现。

(二)领导者的控制作用

领导者对大学校园文化活动的有效控制,是校园活动健康发展的根本保证。控制实质上就是有效管理、工作导向、督促和检查。控制在校园管理上的意义,就是领导者对下级指示其工作的方向,检查其工作是否按照指定的方向去执行。如果出现偏差,随时予以纠正。控制具有测定或更正下级进行状态的作用,它由如下三个要素构成:一是基准的设定;二是目标推行的测定与报告;三是改正措施。控制的基准,即目的与计划。计划与控制是一个问题的两个方面,为了控制必须要有计划,为了计划也必须要有控制。不建立计划的管理者,也就无法实施控制的职能。计划愈完善,阶段愈长,控制愈能发挥其效果。同时,控制又是以某种授权为前提的。上级领导者将管理任务授予部下;部下则依据制订的计划实行上级领导者所授予的职务,并将业务进行状态及其结果向上级报告;上级领导者根据报告情况与既定的计划,予以比较、测定或检查得失。其中,"测定"担负着重要的任务,它是以计划与实际差异分析为中心的。而且,当显著的差异发生时,领导者必须分析其原因,必要时采取更正措施。更具体地说,控制并不是对每一个事项给予监督,而通常是将部下所作的报告收集后,仅就实施报告与计划之间的差异进行分析。当发生重大的差异时,上级领导者要对这部分予以详细的分析,找出产生差异的原因。因此,控制与直接的监督有所差别。也就是说,控制是对某种事情的发生和为什么会发生等事项进行监督,为了防止将来重复发生而研究出适当有效的措施,即控制是尽量在实际情况与计划尚未发生脱节前,得到更正确的决策。由此可见,高校校园文化活动的规划再好,目标再好,如果束之高阁而不去实施,那么这些规划和目标也没有用。提出规划目标就是为了实施,要实施就必须做到有效控制。首先,领导者要紧紧把握高校校园文化建设的方向,即提倡什么、反对什么,要态度鲜明,毫不含糊。其次,高校校园文化建设方案在实施中,一定会有许多因素的干扰,有许多事先预料不到的情况和问题出现。这就要求领导者必须行使控制职能,及时收集各种信息,不断地分析实时的反馈信息,及时处理问题,纠正各种偏差,从而保证规划和目标的实现。最后,要保证高校校园文化建设按预定的方案实施,以期达到良好的预期效果。领导者必须在方案实施过程中加强督促和检查,及时解决问题,从而保证高校校园文化建设更富有实效性,发挥出更大的作用。

（三）领导者的决策作用

第一，决策是领导者的基本功能。高校校园文化活动的管理贯穿着一系列的决策。因此，决策科学化是保证高校校园文化各方面目标顺利发展的重要因素，也是检验现代化领导水平的根本标志。决策自古有之，战略决策有诸葛亮作"隆中对"而三分天下，朱元璋采纳"高筑墙，广积粮，缓称王"的建议而创立明王朝；战术决策有孙膑为田忌赛马献策而胜齐威王等名传千古、脍炙人口的范例。这些决策都是凭借领导者个人的阅历、知识和智慧进行的，决策成功与否主要取决于领导者阅历是否丰富、知识是否渊博、智慧胆略是否过人。领导者有时也利用智囊人物协助，但仍只是依靠他们个人的阅历、知识和智慧而已。所以，历来的决策从本质上讲都是靠人的经验，叫作经验决策。在市场经济条件下，社会活动发生了一系列的根本变革，突出表现为社会活动越来越复杂，越来越多变，影响越来越大。正因为社会活动越来越复杂，对它们进行决策时，就要从战略到战术、从宏观到微观、从全局到局部、从经济价值到社会效果等进行周密的方案论证工作。正因为社会活动越来越多变，任何一个国家、一个地区、一个事业要前进、要发展，就无时无刻不处于激烈的竞争之中。它使每一个领导者经常会碰到大量问题需要及时解决，而决策的正确与否往往关系着事业的兴衰存亡。正因为社会活动的影响越来越大，牵一发而动全身，一个措施往往会引起一连串反应。因此，一个决策的失误也许会引起全局性的严重后果。总之，为了社会和人类的未来发展，领导者必须有"一失足成千古恨"的痛切感，积极主动地去研究和寻求合理的决策。以上三个特点，要求现代领导者必须实行科学决策。当然，在市场经济条件下，领导者凭个人的知识、经验、智慧和胆略，有时可能做出正确决策并取得成功，有时失误的可能性也很大。第二，科学决策的作用。科学决策势在必行,它包含以下三个方面的内容:①严格实行科学的决策程序。②依靠专家运用科学的决策技术。③领导者用科学的思维方法做决断。领导者的科学决策关系高校校园文化建设发展的全局,所以领导者的主要责任是在相同文化建设方面做出科学的、符合实际的决策。在设计一个方案、规范一项活动和吸纳师生员工提出的建议时,都需要领导者根据实际与可能,及时做出决策,否则会贻误时机、耽误工作和挫伤师生员工的积极性。不论是总体规划,还是具体活动,领导者都应当提出决策性的意见。当然,领导者在决策前应当听取各方面的意见,发挥群体的智慧,按照正确的意见进行决策,这样才能保证决策的科学性和有效性,从而保证决策的有效实施。特别需要指出的是,高等院校的主要领导者在高校校园文化建设中要发挥领导者的决策作用,要亲自参与拟定高校校园文化建设的政策措施,抓好高校校园文化建设的总体规划,研究高校校园文化建设中存在的主要问题,使高校校园文化活动在科学、正确的领导下健康发展。

(四)领导者的激励作用

激励作为调动、激发人们积极性和创造性的手段,可以在高校校园文化建设中发挥重大的作用。第一,激励的意义。激励的作用在于唤起有工作能力者的工作情绪,也就是唤起下级发自内心自愿地、努力地去从事工作的力量。在高校校园文化建设中,没有师生员工的积极性和创造性,活动就不会有生气、有效果、有创新、有发展。第二,激励的核心。在谈到激励时,是不能忽视下级的各种欲求的。领导者如果提供的激励与下级的欲求无关,那他的这种激励就是徒劳的。因此,对下级的欲求予以了解是一件重要的事。有关人类欲求的全部理解,在各界学者的见解中,依然不相一致。社会学家将欲求分为生理欲求(健康、安全等)与社会欲求(情绪、教育等),心理学家则认为,除上述两种欲求,还有准欲求。人是有欲求的动物,对某一样事物不愿求其量多,而愿求不同种类事物的满足。一般而言,人的欲求之排列顺序,是先有生理欲求,生理欲求得到满足后,再转向社会欲求。但人是复杂的动物,并不是求得基本欲求满足后,才求得更为高层次的欲求,人类是在两者同时求得满足过程中选择其认为重要的。所以,一个有效的、健全的激励系统的开发是困难的。通常情况下,领导者以提供劳动机会、能鼓励生产力上升的工资与对违反规则者给予惩罚等手段来激励部下。同时,针对个人自尊心、创造力、社会地位、工作情绪等非正式的激励方法也是必须注意和运用的。总而言之,为了激励下级,使他们高效地工作,领导者应有效地利用环境,通过信任激励、关怀激励、榜样激励、任务激励、奖惩激励、物质激励等手段,把蕴藏在下属和师生员工中的主动性、积极性和创造性充分发掘出来,使他们心情舒畅、努力进取、施展才能、大显身手。这样,必然会促进高校校园文化建设生机勃勃地向前发展,从而在培养合格人才和促进整个社会的文明与进步中发挥更大的作用。

(五)领导者的协调作用

领导者的协调能力,在高校校园文化建设中具有重大意义。高校校园文化建设不是学校中某个部门、某个人的事情,它涉及党政工团学、上下左右中方方面面。要形成党政工团学齐抓共管、上下左右中共同参与的新格局,就需要领导者发挥有效的协调作用。近代管理学家巴纳得认为,"一般单位内部或各部门内部,仅有极少数的个人目的与组织目的是一致的,多数的部下,不免有自私、利己心的存在。"作为一个优秀的领导者,在指挥下级时必须以激励个人的方法达成团体的目的(组织目的),调和个人与组织两者的矛盾。由此可见,领导者协调的成效,不但直接影响各部门的关系和各种矛盾的发展状况,而且直接影响高校校园文化建设的发展和各项活动的成败。领导者有效的协调,一方面可以使各部门的具体职能和各种相关因素相互补充、相互配合、相互促进,避免工作中的对抗因素和重复现象,减少冲突和摩擦,从而减少人力、物力、财力和时间的浪费,提高效率,起到好的作用;另一方面,通过领导者的有效协调,可以形成人与人之间的相互理解、相互支持、和睦相处、施展才能和实现抱负的环境,做到团结统一,形成合力,从而促进校园文化建设的发展。

二、高校校园文化建设的管理艺术

最优良的高校环境,必须是多个文化层次高度和谐统一的环境。要达到校园文化的和谐统一,使校园文化健康有益,必须讲求校园文化建设的管理艺术。

(一)突出学术性,区分层次性

高校是人才密集的地方,校园主体的文化层次和专业水平较高,高校校园文化也就具备了与之相当的学术性。这就是为什么学校校舍设计、物质装备、师资培养、干部调配等都有特定要求的原因。当然,学校层次、类别不同,教育对象(其年龄、生理、心理、文化层次、专业水平)不同,培养目标不同,高校校园文化内容的层次也势必不同,要区别对待。

(二)坚持导向性,赋予愉悦性

坚持导向性,在静态和空间角度体现政治导向、价值导向和生活方式导向,在动态和时间角度体现传统导向、现实导向和未来导向,并且互相关联、互相协调、互相平衡,从而产生理想的整体导向效益,这既是我国高校校园文化的社会主义性质及其应有的社会效益的必然要求,又是高校校园文化教育性的首要表现。中国特色社会主义高校是培养社会主义事业建设者和接班人的重要园地。各种形态的高校校园文化理当保证其教育的方向性、正确性、科学性,坚持党对学校的领导,确立马克思列宁主义、毛泽东思想、邓小平理论、"三个代表"重要思想、科学发展观、习近平新时代中国特色社会主义思想在高校校园文化中的指导地位,确保影响人、教育人的社会主义方向,引导师生员工朝着正确的思想政治方向前进。教育形式应是令人愉悦的,符合教育对象的生理、心理特点,使人不知不觉但又自觉自愿地接受教育和影响。环境文化、设施文化也应寓有思想性、针对性、参与性于可感性、服务性、愉悦性之中,把有意识的影响、教育渗透于无意识的文化之中,通过美好健康的环境和氛围,影响受教育者的心灵世界。

(三)允许多样性,注意统一性

高校校园文化具有个性化的特征。高校校园文化的形态、内容都应丰富多样,使不同的学术观点、教学风格"百花齐放,百家争鸣"。这样,高校校园文化才富有生机,师生员工的个性才有发展的环境,学校才能办出自己的特色,形成自己的优势。校园环境优美,物质装备先进,教学技术有创新,课程文化有特色,学术文化有传统,制度健全,管理得法,校风优良,科研成果甚丰,教学质量一流,等等。其中,任何一个方面或几个方面都有可能形成一个学校的特色。只有富有特色的学校,才是内有凝聚力、生命力,外有吸引力、竞争力,可以对社会做出特殊贡献的个性化学校。当然,个性要寓于共性之中,多样性也要寓于统一性之中。性格上、治学上的个性必须服从作为培养社会主义事业建设者和接班人的根本要求;风格上、建树上的多样性,要以建设中国特色社会主义的高校校园文化为前提。建设中国特色社会主义高校校园文化,必须有意识地培养以社会主义、集体主义及其价值观念为核心的团队精神。马克思说过:"只有在集体中,个人才能得到全面发展其才能的手段。"

（四）保持开放性和多样选择性

文化在本质上就是开放的。高校校园文化的建设和发展，永远离不开开放，包括在校内开放、朝社会开放、向世界开放。当然，建设开放的现代化的中国特色社会主义高校校园文化，必须坚持选择性，尤其要注意以下两点。

1. 正确地吸收社会文化，保证高校校园文化的先进性质

校园文化应是社会文化中积极因素的精华，是以一定的社会要求和价值观念为指导，依据教育目的，对开放的社会文化分析、鉴别、认可、精心挑选、提炼浓缩、整理改造之后的积淀，其模式和体系是在校园主体自觉努力下形成的。因此，高校校园文化应当具有防御性。高校要提倡健康、文明、科学、丰富多彩的课外文化活动，包括师生员工喜闻乐见、文化层次较高、寓教育于审美的各种文娱、体育活动。同时，防止腐朽思想文化的渗透，坚决抵制资产阶级的价值观和生活方式对青年学生的侵蚀。

2. 正确吸收文化遗产，保证高校校园文化的社会性质

马克思主义认为，每个国家的文化发展，首先以本国人民和本民族发展的需要和传统为先决条件。所以，人们必须在大力繁荣和发展充分体现社会主义时代精神的新文化的同时，继承和发扬我国传统文化的优秀成果，既反对崇尚复古的"国粹主义""本土主义"，又反对全盘否定中国传统文化的民族虚无主义。中华民族是一个善于吸收和消化外来优秀文化的民族。当前，人们既要反对关门主义，又要反对崇洋媚外、"全盘西化"，要立足本国，认真借鉴并充分吸收世界文化优秀成果。中国是举世公认的文明古国，理当保持、传承和弘扬中华民族优秀的传统文化。

（五）发挥先导性，基于从属性

学校传播媒介先进，知识分子集中，而且文化层次较高，他们对各种社会思潮比较敏感，对科学技术和社会进步具有趋善求美的理性和自觉性，理想主义色彩较浓。所以，高校校园文化往往是时代发展的晴雨表，有着一定的先导性，能够迅速地汇集并传播各种社会思潮，及时地反映或预示学术前沿动态和科技发展水平，自觉地根据社会发展大趋势，培养能够设计与创造未来的"四有"新人，从而对社会主义的政治、经济产生重要的影响和作用。这是学校特有的优势，也是高校校园文化先进性、超前性的一种表现。不过，高校校园文化的这种先进性、超前性是相对的、有条件的。因为，校园文化从属于、渗透于社会文化，其中物质形态的高校校园文化主要是工农创造的，意识形态的高校校园文化则是社会主义初级阶段政治、经济的反映。建设高校校园文化必须十分明确高校校园文化的从属性，自觉地坚持高校校园文化正确的政治方向，这既是学校社会主义性质的要求，又是高校校园文化先进性、超前性得以发挥的基础。只有这样，人们才能正确利用学校固有的优势充分发挥高校校园文化的先进性、超前性。

（六）克服自发性，强化管理性

与学术性、多样性、开放性、先导性等相联系，高校校园文化有时表现出一定的自发性。自发的东西，有的伴随着创造，孕育着先进，但不经由群体扶持，就有易逝性，可能自生自灭；有的连带着破坏，酝酿着倒退，若不经由群体匡正，就会传染开来，可能危害高校校园文化本身；有的属于文化范畴，有的属于管理范畴。清醒地意识到高校校园文化的自发性有利于提高高校校园文化的规范性，强化对高校校园文化的管理。对于自发的东西，要及时扶持其积极面，匡正其消极面。高校要切实加强对各种课外文化活动的组织、指导,不断强化精神文化、制度文化、交际文化导向性的氛围,正确发挥它们的渗透、制约、凝聚等作用。

三、高校校园文化建设骨干的培养

高校校园文化建设必须有一批骨干、带头人,通过他们的示范、引导和榜样作用,推动整个高校校园文化的健康发展。

(一)充分发挥教师在高校校园文化建设中的主导作用

在高校校园文化系统里,主要分为学生文化群和教师文化群,其中学生文化群是高校校园文化的主体。现阶段的高校校园文化活动,主要是以各类学生社团为主的"第二课堂"活动,如同在教学过程中要充分发挥教师和学生的两个积极性一样,高校校园文化建设必须坚持学生的主体作用和教师的主导作用相结合。教师是高校校园文化的主导力量,发挥教师在高校校园文化建设中的主导作用可以从以下方面着手:一是指教师要充分运用物质文化、精神文化、制度文化的育人功能,培养学生积极进取、严谨求实、团结向上、改革创新的精神,鼓励学生早日成才。二是要求教师尽可能地参加学生组织的各种高校校园文化活动,特别是课外活动、专题讨论等,并对他们进行业务指导。这样既有利于解决学生理论联系实际的问题,又有利于克服他们盲目接受西方文化思潮等"消化不良症",同时有利于教师结合高校校园文化活动对学生进行思想政治教育。三是要搞好教师文化建设,丰富教师的文化生活。教师应通过自身的文化建设,全面提高文化素质,潜移默化地影响每一个学生,同时引导和规范学生的文化生活,把握高校校园文化的社会价值导向。

(二)形成积极向上的群体心理氛围

一般来说,在高校校园文化活动中的组织者、发起者是大学生群体中的

"骨干和中坚力量"。他们多具文化特长,知识面较宽,能力较强,在学生中有一定的影响力和号召力,同时他们也特别注重自我表现和自身价值的实现。高校应根据他们的这些特点,有的放矢地做好挖掘工作,对他们进行思想引导。既要求他们在发展高校校园文化中起带头作用,又要求他们在开展高校校园文化活动中,防止庸俗无聊的消遣,克服消极情绪和悲观心理,正确对待中西文化,坚决抵制错误的东西,引导他们把浅层次的文化活动提高到深层次的精神境界上来。经验表明,做好高校校园文化骨干的培养、培训工作,能起到典型导向的作用,而运用典型导向来规范高校校园文化活动的内容、形式和行为,往往能起到事半功倍的效果。

1. 群体内社会心理气氛

群体社会心理气氛是指促进或阻碍群体的共同活动和群体内个人全面发展的心理条件的总的表现形式。大学生社团中良好的社会心理气氛主要表现为社团内部成员之间的相互信任和严格要求;社团成员在讨论与整个群体有关的问题时畅所欲言;社团领导人承认和尊重社团成员的民主权利;社团成员充分了解他们所面临的任务,并了解他们完成任务的状况;社团成员对群体的隶属关系感到满意;社团对其中某个成员的困难和挫折有着强烈的同情和互助精神;社团的成员对关系社团的事务都怀有责任感等。社会心理气氛取决于社团的发展水平。发展水平较高的社团才具有充分良好的社会心理气氛,而良好的社会心理气氛又有利于提高社团内大学生共同活动的效率。社会心理气氛的状况取决于社团领导者的领导水平和作风。社团的优化管理要求领导者具备相当的文化水平和专业知识,要善于依靠社团中富有积极性、自觉性和首创精神的成员,并促进社团成员养成相互理解、协调活动的习惯,从而促进大学生心理素质、业务素质和人才素质的全面提高,促进高校校园文化建设健康、全面、积极向上发展。

2. 群体内社会心理感染

人类科学的研究成果进一步揭示了社团内成员相互影响的机制问题,即所谓的"社会心理感染"。所谓社会心理感染是指青年大学生在直接交往过程中,通过言语、表情、动作及其他方式引起的情绪状态的相互影响过程。

社会心理感染是普遍存在的一种影响方式,其特征主要有以下几点:一是它是在无压力的条件下产生的。二是它是无意识地和不自觉地受到影响。社会心理感染与自我暗示有区别,自我暗示是有意识地向自己发出刺激,以调节自己的认识、情感、意向和行为,而感染则是在不知不觉中发生了情绪的变化。三是被感染者产生与刺激者相同的情绪以后,可出现相同的行为。感染极易发生在人群密集的场合之中,且传播速度是十分惊人的,通常以循环式或连锁式的形式进行。前者是指一个人的情绪反应激发了他人的情绪反应,使他人激动起来,而他人的反应反过来又促使自己的情绪反应更加强烈。后者是指一个人的情绪感染了甲,甲的情绪又感染了乙,乙再感染丙……在人群密集的场合下,情绪感染相互刺激、相互影响、相互加强,以至整个人群的情绪达到理想的状态。

第二章 高校校园文化建设的实现路径

第一节 高校校园文化建设的目标和原则

一、基本目标

高校校园文化应当追求什目标,确定什么样的发展方向,这是校园文化建设带有根本性质的问题。因为校园文化建设追求的目标和发展的方向,直接反映的是高校办学的根本宗旨,即"为什么办""为谁办""怎么办"等重大的问题。方向不同,选择的途径和方式会不同,导致的结果也就必然不同。

从根本目的上来讲,人才培养是大学的根本任务和根本使命,高校校园文化的出发点和落脚点也都是为了育人,也就是说,培养德才兼备的社会主义事业的建设者和接班人,造就具有创新意识、创新精神和创新能力的创新人才是校园文化的根本目的。从这个意义上而言,校园文化创新就是为培养和造就高素质的创新人才营造良好的氛围和沃土,这无疑如同给树木生长供给空气、阳光、水分和养分一样,使树木在良好的环境条件之中,成长为栋梁之材。

通过校园文化创新,强化校园文化教化、熏陶、示范、规范、激励等育人的功能,打造人才脱颖而出的机制,形成校园出人才、出成果的良好环境和氛围。同时要把培养创新人才的成效作为检验和评价校园文化创新的重要尺度和标准,进一步促使校园文化形成以培养人才为中心和重心的创新机制,全面提高学校培养人才的质量和水平。

二、需要遵循的原则

校园文化建设的基本原则是由校园文化的发展方向和根本宗旨所决定的,也受自身发展规律所制约,是校园文化建设过程中在指导思想、根本宗旨、依靠力量、方式途径等方面必须坚持的基本法则和标准。必须遵循正确的原则,这既是校园文化建设沿着正确方向发展的基本要求,又是校园文化建设取得良好成效的有力保证。

(一)方向性原则

高校校园文化是社会主义文化的重要组成部分,具有鲜明的政治特点,要符合国家发展的主旋律,与教育改革的方向相适应。为此,校园文化必须坚持正确的政治方向,也只有这样,才能保证校园文化的先进性、优质性和高品格。这就是说,只有坚持以马克思主义先进理论为指导,才能保证校园文化建设的先进性,使校园文化创新沿着正确的方向发展,引领社会文化的发展;才能准确认识和正确把握校园文化创新的规律和方法,使校园文化在创新中发展,在发展中创新,不断开创新局面,取得新成果。

在坚持正确的指导思想的前提下,坚持"百花齐放,百家争鸣"的方针,积极借鉴和吸收人类一切文明成果和精神财富,克服和摒弃一切没落腐朽的东西,使校园文化既保持正确的发展方向,又健康活泼,充满活力。然而值得强调的是,我国处在社会主义初级阶段,经济成分和利益的多元性导致了文化的多元性,还由于不同类型高校文化的价值取向、文化修养、知识结构、志向追求等方面的差异,促使校园文化呈现多样性。在这种情况下,我们不能在指导思想上有任何的动摇和偏差,必须坚定不移地坚持马克思主义指导思想在校园文化创新中的主导地位和指导作用,不断增强师生员工的社会主义理想信念,努力为中华民族的伟大复兴而创造出更加辉煌灿烂的文化。

（二）主体性原则

高校师生是校园文化建设与创新的主体和依靠力量。没有他们的作用,没有他们积极性、主动性、创造性的发挥,就没有校园文化的生成、创新与发展。他们知识丰富,思想敏锐,勇于进取,要激发和调动他们参与校园文化建设的积极性、主动性和创造性,释放潜能,发挥作用,集思广益,群策群力,把校园文化推向新的发展水平。

激励和发挥师生员工的积极作用,就要重视他们在校园文化建设中的主体与主导作用,尊重他们的个性及其差异性,鼓励他们敢于冒尖,张扬个性,让他们在校园文化的舞台上,尽情地展示才能。要尊重和肯定他们的首创精神,变消极因素为积极因素,变被动为主动,充分发挥他们的积极性、主动性和创造性。只有把师生员工主体性的作用发挥出来,才能真正体现校园文化建设的本质内涵,才能最终实现校园文化建设的根本目标,形成激情迸发、生机盎然的校园环境和氛围,创造出丰硕辉煌的文化成果。

（三）传承与借鉴原则

高校不仅要继承中华民族的优秀传统文化,还要不断探索和创新,积极学习借鉴世界各国先进的文化成果,创造富有时代精神的校园文化。

历史继承性是文化的固有属性,当然,这种历史继承性是有条件的,是对以往文化的"扬弃",马克思曾说过:"人们自己创造自己的历史,但是他们并不是随心所欲地创造,并不是在自己选定的条件下创造,而是在直接碰到的、既定的、从过去继承下来的条件下创造的。"传承文化是高校的基本功能,传承性是高校校园文化作为先进文化的基本品质。一切先进文化都不可能也不允许摒弃民族优秀的传统文化,否则,就会成为无源之水,就会失去根基。因此,丰富而全面的中华民族传统文化是高校的传统根基和文化土壤,要深深地根植于其中,充分利用、挖掘其优秀的价值资源,并给予大力继承和发扬。

高校校园文化是经过长期的历史积淀、凝聚、发展而形成的,并随着时代的变迁、社会的进步和学校的发展而得到不断拓展、深化和丰富。高校校园文化是一个开放的系统,它的发展不仅要传承中华民族优秀的传统文化,还应对人类社会创造的一切优秀文明成果包括西方国家优秀的文明成果加以学习借鉴,取其精华,去其糟粕。

(四)服务性原则

紧密围绕学校中心工作,服务学校发展大局。在现代教育发展中,校园文化的作用日益突出。它有利于增强学校的凝聚力、向心力,有利于整合学校内部各种力量和资源,有利于正确引导和处理好各种矛盾和冲突,对学校的发展和管理具有不可替代的积极意义。校园文化建设的重要目标就是努力与学校改革发展进程和谐一致,实现共同的育人目标。

高校聚集一大批思想活跃的知识分子群体,这里所产生的思想和文化对整个社会具有强大的辐射力、影响力。加强校园文化建设,是高校一项具有基础性、战略性、前瞻性的工作,必须与推动社会主义文化大发展、大繁荣,为国家和地方经济社会发展贡献力量结合起来。校园文化既要成为科学萌生的催化剂,又要成为科学思想发展的重要载体;既要从先进文化中汲取营养和力量,又要为社会主义文化大发展大繁荣提供强大动力;既要充分发展高校内部的文化,又要在此基础上引领社会文化。

（五）育人原则

高校校园文化建设必须有利于人才培养,必须注重高校学生思想文化素质的提高。高校校园文化建设作为高校精神文明建设的重要组成部分,根本目的是培养有理想、有道德、有文化、有纪律的社会主义"四有"新人。

（六）自主性原则

高校校园文化建设要广泛吸引学生参与,充分发挥学生的积极性和自主性,尊重学生在校园文化建设中的首创精神。

（七）系统性原则

高校校园文化建设是一项内容丰富的系统工程,要有目的、有计划、有组织、有分工地进行,在全校范围形成一个高校校园文化建设网络。

（八）开放性原则

高校校园文化作为一种文化,必然要与其他文化相互联系、相互影响。高校校园文化建设要吸收其他文化(如企业文化、军队文化、乡镇文化等)建设的优秀成果,要充分利用社会设施,发挥大众传媒对高校校园文化建设的影响。与此同时,高校校园文化建设还必须注重以下几点。

1.注重思想性,构建当代大学生的精神家园

高等学校培养人才不能仅满足于对学生知识的灌输和技能的培养,还必须对学生进行思想的引导、情感的熏陶、意志的铸造和性格的培养。

在社会主义市场经济条件下,新旧体制转轨期间,社会上出现的各种不正确的价值观、利益观、道德观和各种假丑恶的东西伴随着社会文化的健康内容也一同涌入高校校园文化中,使高校校园文化良莠不齐。如果高校不注重高校校园文化的思想性,放任各种社会文化现象在高校校园汇集并影响学生,就不能培养出适应时代需要的合格人才。

只有运用马克思主义世界观和方法论，辩证地对待各种社会影响，由表及里，去伪存真，才能从根本上把握高校校园文化的方向和掌握积极健康的内容；才能通过有效的方式方法，把社会上正确的价值观念、道德原则隐含在自己的文化结构中；才能通过灌输、启迪、熏陶而潜移默化地改变学生的思想、行为和提高学生的道德品质，并将这种积极的影响逐渐积淀于大学生文化心理的深层结构中。当他们走向社会后，这种新文化观念就可能发扬光大，起到影响民族心理和民族精神的作用，从而促进民族文化的积极更新，构建具有时代特征的中华文明。

2. 注重知识性，找准结构点，实施文化育人

高校校园文化的知识性体现在校园文化的活动内容和制度的建立上。大学生在校园文化的熏陶下不但丰富和拓展了第一课堂知识面，优化了知识结构，而且培养了兴趣爱好，锻炼了能力。如果高校校园文化缺乏知识性，在内容上杂乱无章，就会导致学生分析能力、辨别是非能力不足，思想上易出现误区，不能适应时代的需要。

思想政治教育的目的就是要培养适应社会主义市场经济需要的人才，在育人的目标上，高校校园文化与思想教育存在相同的规律性。思想政治教育育人要以内容丰富多彩、知识性强的高校校园文化为基础，而高校校园文化知识性活动的实施又再现了思想教育文化育人的主题，二者密不可分。例如，某高校校园中开展的"历史与责任"知识竞赛就包含"两史一情"的革命传统与爱国主义、集体主义教育内涵，是高校校园文化与思想政治教育的有机结合。

3. 注重实践性，培养一专多能的复合型人才

面对时代的呼唤，面对人才市场的冲击，高校毕业生如何在社会主义市

场经济条件下站稳脚跟,形成良性的供求关系,给高校提出了一个严肃的课题。因此,培养一专多能、德才兼备的合格人才便成为高校校园文化建设和思想政治教育的共同任务。

为适应这一形势和任务的需要,高校校园文化建设应在匠心设计、运转方式上不断加大实践含量、科技含量,以增加育人的力度。从高校校园文化氛围和客观实际出发,以培养社会需要的实际人才为目的构建校园文化的基础框架已成为当代高校校园文化发展的新走向。目前,高校校园内出现的"计算机热""外语学习热"等现象足以说明,在市场经济的冲击下,作为高校校园文化主体的学生锻炼实际本领的自我意识在增强,对科技与人才的竞争有较清醒的认识。高校校园文化建设与社会实践的结合,不但促进了学生社会实践活动的开展,而且深化了校园文化活动的内容。

4. 注重趣味性,增强校园文化的活力

高校校园文化的趣味性并非意味着高校校园文化是一种单纯的、无限制的娱乐,高校校园文化应在显示趣味性的同时体现校园文化的教育性。思想教育工作者应善于在校园文化建设中发现闪光点、寻找兴奋点、注意敏感点、把握共鸣点、选准工作点,这样才能有的放矢地开展工作,才能保证校园文化的健康性、趣味性,高校校园文化才有活力和生命力。

新时代给高校校园文化带来了新的信息、新的内容和新的形式。目前,高校里的乐团、合唱团、舞蹈团、戏剧社等都是校园文化生活中的骨干组织。学校开设的舞蹈班、书法班、美术班等为具有不同爱好的广大同学提供了学习、参与的良好条件;各级各类的文艺会演、比赛、讲座、音乐茶座等为广大学生提供了参与和欣赏的机会。高校校园文化的趣味性打破了"教室—食堂—寝室"三点一线式的单调的大学生活动格局,成为大学生生活中不可缺少的有机组成部分。

三、需要处理好的关系

校园文化建设是一个系统工程,涉及方方面面。在校园文化建设中,必须明确和处理好以下几个关系。

(一)"硬件"建设与"软件"建设的关系

文化设施、文化队伍、人文景观等是校园文化建设的"硬件",而校园精神、文化心理、文化制度等则是校园文化建设的"软件"。"硬件"建设是"软件"建设的基础,"软件"建设是"硬件"建设的条件。因此,校园文化建设一定要坚持"两手抓,两手都要硬"的方针,不可偏废。当前部分高校客观存在重视硬件建设,忽视软件建设的倾向,对于这些高校,要以高度的文化自觉,对校园文化建设做出全面、长远的考虑,更要重视软件建设的作用。

(二)时代文化与传统文化的关系

世界文化多元化的发展趋势、我国改革开放和社会主义市场经济体制的确立必然影响我国社会主义文化的发展趋势。在世界范围开放的状态中,各种文化相互渗透、融合、碰撞,各种文化以前所未有的速度向现代化迈进。这种文化的嬗变加快了我国社会文化走向综合化。新时代更加现代化、更加开放,但并不能忽视优秀传统文化的滋养。显然,校园文化由于具有超前性和探索性的特点,必然在这场文化革新中走在前列。然而,在社会文化中,有很多历史悠久、影响深远的传统文化又无时无刻不与校园时代文化进行融合,校园文化正是在这种融合中发展的。

(三)共性与个性的关系

高校校园文化是社会文化的重要组成部分,具有社会文化的共同特征,发挥着社会文化应有的作用,遵循着社会文化建设和发展的普遍规律,体现着社会文化的共性。

然而,作为社会文化的一种独特的文化类型,校园文化应表现出其个性。要做到卓尔不群、独具个性,才能在多元化的格局中立足、发展。每一所学校有自身历史的、文化的传承,高校的个性在很大程度上取决于高校文化的个性,没有文化的个性,就很难形成富于特色优势的高校。因此,要从学校实际出发,深入研究学校本身的发展历史,认真总结学校的传统、精神、特色,提炼、培育和弘扬学校的文化个性与特色,促进高校校园文化向纵深发展。

（四）普及与提高的关系

高校校园文化活动的开展,既要抓普及,吸引师生积极参与文化活动,使人人参与、人人发展,又要抓提高,使校园文化建设上水平、有品位;照顾到大多数人的需要,也要满足高层次的需求。例如,群众性的文体活动、科普知识讲座等即是校园的大众文化,属于普及型文化;而美声、钢琴等文艺内容的鉴赏、文学创作、科技制作等就属于较高层次的校园文化。在校园文化建设中,从师生员工的实际出发,既抓普及基础上的提高,又抓提高指导下的普及,才能促进更多的人才脱颖而出。

（五）科学精神和人文精神的关系

要倡导以实事求是、独立思考、严谨规范、求真务实为基本内涵,以求真为目标、以创新为灵魂的科学精神。高校是传播科学并进行科学研究的地方,高校里所崇尚的科学精神要求对个性多元化进行包容,各种新思想、新理论、新观点、新方法在高校相互交流碰撞,产生智慧的火花,在新的视野中推动着科学的发展。科学精神为大学发展注入坚强的生命底蕴,并发挥出强有力的价值导向、群体凝聚力和社会辐射力等功能。所以,科学精神是大学生存与发展的原动力,是大学生机和活力之所在。

要尊重人的价值,注重人的精神生活,以求善求美为目标,坚持以"以人为本"为核心的人文精神。纵观有成就的科学大师,无不具有深厚的人文功底。爱因斯坦曾说:"学校的目标始终应当是:青年人在离开学校时,是作为一个和谐的人,而不是作为专家。"因此,要努力做到弘扬科学精神与人文精神相统一。

第二节　高校校园文化建设的机制构建

一、管理机制

(一)加强领导,完善校园文化建设组织机制

一套高效的校园文化运行机制,必须要以坚实有力的领导组织作为保证。为此,应当形成以学校党委统一领导,党政齐抓共管、各单位分工协作的组织领导机制。

具体来讲,首先,在学校党委的统一部署下,建立以学校党政主要领导为组长的校园文化建设领导小组,该小组由校、院党政主要领导和分管领导以及相关单位负责人组成,负责校园文化建设的顶层设计和全局研判,确定校园文化建设的总体目标、任务和要求,制订校园文化建设总体实施方案,并对校园文化建设的过程、进度和效果进行指导和监督。

其次,各院系要成立以院系党政主要领导为组长的院系校园文化建设领导小组,小组成员应包括院系党政主要人员、分管领导、班主任及学生干部等,负责校园文化建设的实施和开展,其中既包括根据学校总体安排开展

校园文化建设的"规定动作",也包括根据院系实际情况自行开展的"自选动作"。同时,各院系领导小组还需及时将校园文化建设的需求、进展和效果等向学校校园文化建设领导小组汇报和反馈。

再次,宣传、学工、工会等主要职能部门要充当校园文化建设的中坚力量,一方面,他们要根据校园文化建设的需要,科学组织和开展全校性的校园文化建设活动和项目,在全校的校园文化建设中起到标杆和示范性作用,引领校园文化建设和发展的方向;另一方面,他们要对各院系的校园文化建设工作进行宣传和指导,负责贯彻、督促、落实学校校园文化建设方案的实施等。

最后,财务、基建、后勤、保卫等部门要充当校园文化建设的协助和补充力量,提供保障,确保校园文化建设各项工作的顺利开展。

通过设置科学合理的组织机制,加强对校园文化建设的领导,校园文化建设就能够真正落到实处。需要特别指出的是,校园文化建设难以立竿见影,它是一个漫长的、持之以恒的过程,对师生员工的影响也是潜移默化的,要防止急功近利、心态浮躁。学校党政领导,特别是党政一把手要高度重视校园文化建设,亲自参与校园文化建设的重大决策,主动调查了解校园文化建设的动态和热点,切实解决校园文化建设中遇到的困难和问题等,加大校园文化建设的力度,推动校园文化建设扎实有效进行。

（二）提高认识,优化全校师生员工参与机制

校园文化建设是一项系统工程,与学校各个方面的工作密切关联,事关全校师生的切身利益。校园文化建设得好,学校会形成优良的学风、教风和校风,从而更有利于师生的学习、工作和生活,促进他们更好发展和成长成才。因此,校园文化建设不是单个或几个部门的事情,而是全校所有师生员工的事情,需要学校的每一个成员为之努力,需要大家共同参与,共同协作,共同营造健康优越的学习、工作和生活环境。

让全校师生员工都参与到校园文化建设中来。首先,在观念意识上要提高认识,让全校师生员工都认识到校园文化建设的重要性,意识到自己的一言一行都与校园文化建设息息相关。特别是对于从事教学和研究工作的教师,要让他们明白校园文化建设不单单是学生的课外活动,更体现在自己的教学和研究的工作当中,体现在全校教师由内而外流露出的气质和魅力中,体现在自己培养的学生品德和素质中。其次,在校园文化建设过程中,要创造环境、创造机会让师生员工有充分的条件参与进来。因此,在文化活动的设置上,既要有适合绝大多数普通学生参与的活动,也要有适合有特殊专长学生参与的活动;既要有轻松活泼的文体活动,也要有严谨专业的学术活动,让青春的活力在校园迸发,让创新的智慧在校园闪耀,给全校师生以施展才华、展示自我的舞台和机会。最后,学校要为师生员工参与校园文化建设提供政策保障,对积极投身校园文化建设的师生员工要给予支持和奖励,鼓励教师将自己的教学和研究工作与文化建设相结合,主动为学校的校园文化建设贡献力量。重视第二课堂的建设,将师生建设和参与第二课堂的成效与其工作和学习的评价相结合,充分调动他们参与校园文化建设的积极性。

浓郁的校园文化氛围必定是全校师生员工共同努力、共同参与的结果,优良的校园文化也将更加有益于师生员工的学习和工作,二者是相辅相成、互促互进的。因此,全校师生员工要充分认识到自己在校园文化建设中应尽的责任,积极投身校园文化建设。

（三）统筹协调，不断提高管理的科学化水平

鉴于校园文化建设的长期性，必须将校园文化建设的总目标和总任务进行科学而详细的分解，将这些分解后的目标和任务分配到各级单位，明确各级职责范围，层层落实，并建立领导责任制和目标管理体制，形成可量化的考核指标体系，根据既定的考核指标，定期进行严格考核，从而促使校园文化建设的目标和任务抓实抓好。当然，对建设目标和任务的分解分配必须是以充分的调研为基础的，要充分考虑到任务承接单位的具体情况，如可将校园艺术发展分配到艺术类院系，将校园景观建设分配到宣传、建筑、设计类单位。

学校要统筹校园文化建设的资源分配，即要根据既定的目标和任务，进行人力、财力、物力等相应资源的分配。需要指出的是，校园文化建设的资源并非分配到相应的建设单位就完成了，而是还应当建立起科学的资源管理制度，对资源的使用情况进行有效的监督和跟进，对未能合理利用的资源要坚决收回，对需要补充的资源要进行评估，对浪费资源的现象要批评惩罚，通过这些措施，避免资源的浪费，确保物尽其用，支撑校园文化建设工作的顺利开展。

校园文化建设有总体有局部、有重点有细节、有先行有后进，因此对校园文化建设的各个部分、各项活动、各个项目要有相应的管理思路。总体来讲，对于全局性的、重大的校园文化建设项目，学校校园文化建设领导小组要统一领导、统一部署，要加强质量控制，采取过程管理与目标管理相结合，强调每一个环节的权利和责任，确保建设的实效，如对校园环境、人文景观的规划和改造等。相反，对主要在基层单位开展的局部性的校园文化建设项目，应当尽可能地给实施单位以充分的自主权，使校园文化活动在全校呈现出争奇斗艳、百花齐放的兴盛局面,如各院系自行组织开展科技节、文化节、艺术节等文化活动。当然,对由基层单位组织和实施的校园文化建设工作,学校校园文化建设领导小组在提供资源支持、下放权力的同时,也要加强目标管理,对工作的效果进行监督评价,确保能够对全校的校园文化建设工作起到积极的推进作用。

二、协调机制

鉴于校园文化建设的复杂性,要处理好校园文化建设与社会文化发展、学校其他各项工作,以及校园文化建设内部各方面的关系,必须加强校园文化建设内外各要素的协调,使校园文化建设与学校发展、社会发展和谐同步。

(一)校园文化建设与社会文化发展相协调

在校园文化与社会文化的关系上,我们要认识到,社会文化是主文化、大文化,校园文化是从属于社会文化的亚文化,二者既有联系又有区别。一方面,校园文化与社会文化具有明显不同。从范围上看,校园文化主要局限于学校内部,它是社会文化一个局部领域的文化形态,而社会文化是存在于各个领域的一般文化;从主客体上看,校园文化主要由学校师生员工创造,惠及对象也是校内师生员工,而社会文化的主客体则是社会民众;从内容上看,校园文化主要包括学校教学、研究、管理等各方面,而社会文化内容则是社会生活本身,表现为各种各样的实践活动。另一方面,校园文化与社会文化又是相互渗透、相互制约的。校园文化虽是一个相对独立的文化系统,但它并不是封闭的。校园文化在其形成和发展过程中是动态的、开放的,社会文化则是校园文化系统的重要来源,对校园文化具有重要影响,它在一定程度上影响着学校的办学理念、办学思路。同时,校园文化对社会文化也有重要的辐射和促进作用,甚至从某种程度上讲,校园文化可以说是社会文化的晴雨表,它促进着社会文化的不断发展。校园文化对社会文化的作用主要是通过造就、熏陶人才的独特品格和精神风貌以及营造高等学校这个特殊群体共同形成的特有的文化氛围来实现的,并从根本上推动着社会文化的发展与进步。

可见,校园文化不能脱离社会文化的大背景谈建设,否则就成为无源之水、无本之木,它必须紧跟社会文化发展的潮流,与其相适应,时刻处于动态的变化和发展当中,以创新的精神和行动迈进。基于校园文化与社会文化的差异,校园文化想要保持旺盛的生命力,就必须服务于学校教学育人的根本任务,立足于本校的实际,坚持自己的个性,形成特色。校园文化如果没有自己的特色,就会或混同于社会文化,或千篇一律,这将不利于校园文化长久持续地发展。

（二）校园文化建设与学校整体发展相协调

高校发展涉及方方面面,包括教学、科研、科技服务、党建、校园文化、人才队伍、国际化、后勤服务等诸多内容,校园文化建设是其中一项工作。但校园文化建设又与高校的其他各项工作保持着密切联系,因此必须将校园文化建设与学校其他工作协调起来,使校园文化建设的目标和任务与学校整体发展的目标和任务统一起来,共同进步,共同发展。

首先,应当将校园文化建设纳入学校事业发展的全局统筹考虑,在制订学校中长期和年度发展规划时,要充分考虑校园文化的权重,将校园文化建设摆到恰当的位置,并根据学校的总体规划和目标,为校园文化建设设定相应的目标和任务,使得校园文化建设与学校整体发展步调一致,协调统一。

其次,要在校园文化建设与教学、科研、社会服务等各项工作之间建立互通、联动机制,使各方的人力资源、信息资源、硬件资源等能够互通互享,使校园文化建设在更广的范围,以更加多样的形式得以开展。例如,创造条件使专业教师积极参与学生社团活动,结合科研工作开展各类科技竞赛活动,结合社会服务开辟学生教育活动基地,结合国际化开展留学生的文化交流活动等。通过建立这种协调机制,使学校的各条战线都能参与到校园文化建设工作中来。

最后,结合高校校园文化建设与社会主义核心价值观教育的主题、任务和目标,加强融入机制建设,明确全校教职员工在思想育人工作方面的职责,将思想育人融入教育实践的全过程。注重将社会主义核心价值体系的构建渗透到教学、科研、工作和生活的各个方面,充分体现课堂育人、实践育人、环境育人、活动育人,使学生潜移默化地接受社会主义核心价值观教育,内化于心,外化于行。

(三)校园文化建设内容之间相协调

在论述高校校园文化的层次结构时,我们介绍了校园文化的内部结构可分为物质文化、制度文化、行为文化和精神文化四个层面。同时,这四个方面也是校园文化建设的主要内容。校园文化建设应注重使四方面的内容内在统一、协调发展。但事实上,高校的校园文化建设普遍存在重活动而轻制度、重表层而轻深层的现象,主要表现为校园文化活动繁多,学校缺乏统一规划,难以形成品牌效应,学生疲于应付且收获有限。个别高校动辄大兴土木,投入大笔资金修路造林,但对提炼和推广学校的内核精神却兴趣不大,大学精神、校训等常被抛诸脑后,甚至已在学校学习、工作和生活多年的师生仍不知道自己学校的大学精神和校训。因此,在校园文化建设过程中,精神文化、制度文化、行为文化和物质文化必须协调发展,做好整体规划,给每部分内容以合理的定位,特别是对于精神文化和制度文化,要更加重视,绝不能顾此失彼,偏倚一方。

校园文化建设内容的不协调,除表现为上述各层次发展的不平衡外,还表现为各部分内容发展方向的不一致性。健康的校园文化应当表现为精神文化、制度文化、行为文化和物质文化具有内在一致性,各组成部分应朝着同一个方向,为达成同一个目标而贡献力量。一般而言,精神文化是校园文化的核心和灵魂,它统领着制度文化、行为文化和物质文化的建设方向,学校的制度文化、行为文化和物质文化建设都将围绕着学校的办学理念、办学思想、办学愿景等来开展。但当前高校中各部分内容建设得不一致却屡见不鲜,如校园环境建设片面追求新颖时尚,却不能体现本校的办学历史和发展特色。因此,校园文化建设在设计和规划阶段,就应当根据本校发展特色和实际,明确校园文化建设方向和目标,使其精神文化、制度文化、行为文化和物质文化能相互协调,相互补充,各部分形成良性互动,共同完成校园文化建设的目标和任务。

(四)校园文化建设载体之间相协调

校园文化活动是校园文化建设的重要载体,目前高校普遍存在校园文化活动种类多、数量多,但重复性高,层次低,难以形成优势和品牌项目,对校园文化建设的促进和提升作用有限等问题。因此,要统筹好各种校园文化活动,形成合力,就必须把握好以下两点:一是打造品牌。对校园文化活动进行科学分类,突出重点,如按照科技服务、学术创新、文艺体育、社会实践等将校园文化活动进行合理规划,确定每一领域的建设目标,并明确各自主要的依托单位和平台,着力在各个领域培育出品牌活动。在校园文化活动的各个方面都培育若干领头羊,并由其带动全校都参与其中,服务于整体品牌的建设,避免各单位活动的低层次、无意义的重复。二是充分调动校园文化活动的主体积极性。由于校园文化活动以学生为主体,因此要重点抓住学生社团和学生班级这两个主体。在活动开展过程中,要在各社团、各班级间建立起良性的协作和竞争机制,使全校学生都能够有恰当的途径参与到活动当中,并通过社团、班级培养学生的竞争和合作意识。

学校的网络、校报、杂志、广播、橱窗等是校园文化建设的重要平台,但目前这些平台在校园文化建设过程中发挥的作用比较有限。这主要是因为,在新媒介日渐盛行的背景下,部分高校的不同媒介仍然各自为政,缺乏相应的融合,从而导致整体效应不突出。所以,这些校园文化建设平台要达到效应最大化,就必须走媒体融合之路,从组织、内容、队伍、平台等多方面着手,提升专业化水平,实现真正意义上的资源共享和优势互补。使各媒体间在内容上要相互衬托,在介质上要相互融合,各媒体"和而不同",如校报刊载的重大事件,电视上会配以专题片;新闻网除图、文作品外,也要融入影、音作品等。这样,才能避免各说各话,形成相互协调和配合,达到宣传效应的最大化。

三、激励机制

有效的激励机制能够调动人的积极性,激发人的创造力,而校园文化建设是一项需要全校师生员工共同参与的工作,因此必须建立起强有力的激励机制,才能吸引广大师生员工投入校园文化建设。激励机制的构建要根据师生员工的心理活动规律,摸清他们真正的需求,同时,要使校园文化建设的目标与社会主义核心价值体系建设的目标相一致,最大限度地激发他们参与校园文化建设的动机。

（一）物质激励与精神激励相结合

物质激励，又可称为薪酬激励或绩效激励，它是以奖金、实物、待遇等形式，对在校园文化建设中做出突出贡献的单位或个体给予一定的物质奖励，进而激发他们参与校园文化建设的积极性和创造性。例如：对积极参与校园文化活动的教师和学生给予加分奖励；对指导学生参加科技竞赛和社会实践并获得重大奖项的教师，给予破格晋升职务和专业技术职称；对创造校园文化品牌活动的院系和学生团体，给予资金和物质支持等。通过物质激励，既为投身校园文化建设的单位和个体提供物质支持，又进一步激发他们继续努力向前迈进的热情。

精神激励的作用是巨大的，有时甚至比物质激励的效果更加明显。因此，校园文化建设中要注意运用精神激励，即通过表扬先进、颁发荣誉、树立标杆，包括颁发奖状、奖牌和授予各种光荣称号等方式，给参与校园文化建设的单位和个体以充分的肯定，使其充分体现和感受自身的价值，从而激发他们的积极性和创造性。马斯洛在《动机与人格》一书中论述人的尊重需求时指出，社会上的人们都希望自己有稳定、牢固的地位，希望得到他人的高度评价和赞誉。运用精神激励，既要重视鼓励先进，建立榜样激励机制，也要关心后进，倡导尊重人、爱护人、帮助人，从而在全校营造崇尚先进、你追我赶的良好氛围。

需要指出的是，物质激励和精神激励应当相互结合，片面强调一方面而忽视另一方面都是不恰当的。特别是在当前市场经济的大环境下，不少高校过分强调物质激励，这从表面上看，确实调动了师生的参与热情，但可能也进一步强化了人们的功利性，而且工作的质量也没法得到保证，长期来看并不利于校园文化的健康发展。过分的物质激励带来的副作用很大，如单位或个人间恶性竞争、师生关系功利化等。因此,在加强物质激励的同时,必须强调精神激励,使师生员工在参与校园文化建设中充分体现自身的价值,提高自觉性,从而真正激发出师生的积极性和创造性,使校园文化建设健康顺利开展。当然,二者在运用过程中应当根据具体情况的不同而有所侧重,如针对勤工助学学生的技能竞赛,应侧重物质激励;针对教师的课堂教学竞赛,则更应侧重精神激励。

(二)目标激励与竞争激励相结合

设置科学合理的目标是激励的重要方式之一,恰当的目标能够激发人的热情,并使人为之努力。在校园文化建设中,校园文化建设的内容应当是学校总体目标的组成部分。学校的总体目标是全校师生员工凝聚力的核心所在,指明了全校师生员工努力的方向,体现了师生员工的意愿和追求,能激发他们强烈的责任感和使命感。而各单位和个人在设立各自的目标时,应当将学校的总体目标、单位的目标和个人的奋斗目标结合起来,保持总体方向的一致性,从而使每个人在完成个人目标的同时,又推动学校向总目标的迈进。

在向目标迈进的过程中,学校还应当将竞争机制引入校园文化建设过程中。一方面,可以进一步增强师生员工的危机意识、自觉意识和竞争意识,从而激发他们的创新活力;另一方面,也可以在竞争中使优秀师生员工尤其是优秀的学生脱颖而出,在群体中树立榜样,从而产生强大的示范辐射力。在具体操作中,可开展类型多样的评优活动,这些活动也不应局限于校内,可与其他高校横向联合和比较,如跨学校的知识竞赛、研讨活动等,从而进一步拓宽师生的范围和视野,更有利于他们的成长和发展。需要注意的是,在校园文化建设中引入竞争激励应当是良性的和有益的竞争,在竞争的过程中,教师间、同学间、师生间是既竞争又合作的,大家在相互比较中共同努力,在见贤思齐中反思,互促互学,共同进步。为此,设置竞争激励就必须注意让竞争沿着正确的方向发展,保证竞争在公平的基础上进行,通过对竞争动因、过程和目标的引导,使大家在竞争中共同迈向成功的彼岸。

(三)正激励与负激励相结合

在校园文化建设过程中,通过奖励和惩罚对行为人的行为方式和行为结果进行评价调节,是激励的一种重要方式,其中奖励的激励方式我们称之为正激励,惩罚的激励方式我们称为负激励。

正激励包括物质奖励和精神奖励,如奖金、升职、荣誉等。通过正激励,能够为师生参与校园文化建设指明方向,树立榜样,能激发和维持正确的动机,倡导和巩固正确的价值观。负激励也有多种形式,如罚金、降职、纪律处分等。负激励既可以让犯错的行为得到惩罚,纠正其错误行为,又可以警示其他人,引以为戒,进而将潜在的不良动机减弱甚至消退,使大家都朝着健康正确的方向行进。

正激励与负激励相结合即要求赏罚分明,奖功罚过,奖优罚劣,只有这样,才能使校园文化建设的先进工作者得到肯定,进一步激发他们的工作热情;才能使后进者感到压力,受到鞭策,进而追赶先进,在全校形成人人争先的良好局面。否则,奖罚不清,是非不明,就会形成干多干少一个样,干与不干一个样,这必然会挫伤师生参与校园文化建设的积极性。因此,只有正激励与负激励相结合,才能真正发挥出激励的效果。当然,由于正激励是一种主动性激励,能够使人心情愉悦,负激励是一种被动性激励,容易造成情绪压力。因此,实际校园文化建设工作中,应当以正激励为主,负激励为辅,激发师生以主动自觉的行动投入校园文化建设工作中。

四、评估机制

（一）校园文化评估的特点

1. 内容的综合性和广泛性

校园文化评估的内容具有综合性和广泛性。从层次结构看,校园文化评估包括校园制度文化评估、校园组织文化评估、校园物质文化评估、校园精神文化评估、校园科技文化评估、校园生活文化评估、校园艺术文化评估、校园心理文化评估等;从群体类型看,校园文化评估包括校园班级文化评估、校园宿舍文化评估、校园社团文化评估、校园群体文化评估、学生文化评估、教师文化评估、学校管理文化评估。由此可见,高校校园文化的评估内容具有综合性和广泛性。

2. 目的决策性和行动性

任何评估都有其目的,表现为对设计方案的审查评比,其结果都是为了选择和制订最适宜的方案,以便开展今后的行动。校园文化评估也一样,它不是校园文化活动的终点,而是进一步繁荣高校校园文化过程中的检测站和加油站。就校园文化的现状加以评价,既是为了对它是否达到既定目的进行衡量,更是对它今后能否达到更加完善的境界进行诊断并提出建议,以便为校园文化的管理行为和决策行为提供最优化服务。

3. 信息的客观性和系统性

校园文化评估是一种信息反馈,它有目的地搜集各方面信息,并通过信息处理对被评估的校园文化做出价值判断。在评估过程中,评估人对信息反馈、信息处理后的价值进行判断,然后提出建议,这一过程分属于三种不同的认识范畴:"反映"属于客体认识基础,"价值判断"属于主体性认识,"提出建议"则属于在主体性认识上的主体意志表现。在这里,信息的系统搜集和客观反映是基础,因为只有系统地搜集才能够获得客观存在于校园价值观和校园文化活动中的信息,只有客观地反映才能够使主体性认识乃至主体意志的表现比较符合被评估对象的实际。所以,校园文化评估必须由超脱于被评估对象利害关系的评估人来完成,评估需要成立专家小组,以便尽可能排除、抵消个人的片面性。此外,为了有效、准确而简易地进行价值判断,所搜集的信息应该是可靠的,而不是不可信的;应该是有效的,而不是对评价无用的;应该是简单、扼要,又能反映主要问题的,而不是琐碎、杂乱、不着边际的。

4. 方法的科学性和可行性

校园文化评估既然是一种对校园文化活动客观而综合的价值分析和判断,它必须具有与校园文化评估目的相适应的科学方法,这些方法包括建立正规的评估制度、制订适宜的评估方案、建立有效的评估指标系统、具备明确的评价标准、采用科学的采集信息和对信息进行量化处理的手段等。只有采用科学的方法,才有可能得到科学的结论。另外,由于校园文化评估往往动用的人力较多,需要的物力和财力较大,因而高校校园文化的评估在制度、方案、指标系统、方法上力求具有一定的操作性、可行性,能为多数人所接受。否则,校园文化评估将缺乏应有的生命力。

5. 过程的程序性和常规性

应该把校园文化评估视为整个高等教育事业发展中不可缺少的组成部分、推动高等教育事业前进的驱动力之一。校园文化必须经过鉴定和常规的周期评价,才会蓬勃发展和不断繁荣。因此,高校校园文化评估是一个常规性、周期性、系统性兼具的连续过程,有其自身固有的活动程序。

（二）校园文化评估的方法

不同于西方国家,我国高等学校教育评估是由国家行政机构领导、组织和监督的。为了领导、开展和组织实施校园文化评估工作,在各级高等学校教育评估领导小组的领导下,可以设立校园文化评估委员会,以领导、组织实施各种类型的校园文化评估工作。同时,评估领导小组下还要设立评估办公室等办事机构,处理教育评估的日常工作。

1. 合理确定考评标准

校园文化建设涵盖范围广、评价范围宽、具体标准多,但从根本上讲,要看它是否能够促进学生的全面发展。"坚持社会主义先进文化的发展方向,遵循文化发展规律,借鉴吸收人类文明有益成果,以实施科学文化素质教育为基础,以建设优良的校风、教风、学风为核心,以优化校园文化环境为重点,以树立正确的世界观、人生观、价值观为导向,弘扬主旋律,突出高品位,加强管理,注重积累,努力建设体现社会主义特点、时代特征和学校特色的校园文化。"这是教育部、共青团中央《关于加强和改进高等学校校园文化建设的意见》对高校校园文化建设提出的总体要求,也是校园文化建设考评的出发点和立足点。高校作为为国家培育和输送人才的地方,人才培养的质量是校园文化建设的综合反映,因此校园文化建设考评应当本着以人为本的宗旨,围绕人的全面发展来展开。

2. 综合运用考评方法

校园文化建设内容复杂多样,因此应当综合运用多种考评方法,确保考评过程和考评结果科学合理,能客观反映校园文化建设的成效。这其中,既有定量的考核,也有定性的考核;既有他评,也有自评;既有自上而下的考核,也有自下而上或平行式的考核。

　　校园文化建设的成果,有些是可量化的、显性的,有些是不可量化的、隐性的,因此校园文化建设的考评必须要将定量考核与定性考核有机地结合起来。定量考核主要是对那些可以用实物、数据等表现出来的成绩进行考核,如学校的建筑面积、景点数量规模、教师和学生数量、师生比、学术成果级别及数量、实验实践基地、社团数量、学生活动获得奖项的等级和数量等。可见,定量考核需要将考评目标分解成若干可测定的指标要素,通过测定其数值,然后经过数学方法处理,进而得出定量分析的结果。定性考核主要考核那些无法用实物和数据的形式表现出来的成绩,如教职工的育人意识、学术意识、服务意识、管理意识,学生的思想动态、理想信念、学习动机等。定性考核主要是考评者根据自身的经验和认识对考评对象做出评价,因此考评者的主观意识、能力水平和看问题的角度对考评结果具有非常大的影响。可见,定性考核操作相对简单,但具有主观性、片面性和不准确性等缺点,而且定性考核必然要以一定的定量考核作为支撑,否则其精确性、可靠性、可信度将打更大折扣。因此,定量考核和定性考核必须有机结合,进行综合分析,才能弥补彼此的不足,从而保证考评的科学性和可操作性。

　　同时,在考评过程中,还应当将他评与自评、自上而下的评价与自下而上或平行式的评价结合起来。传统的对校园文化的考评,主要注重他评,注重自上而下的评价,这种外在的、压力式的评价对校园文化建设固然具有重要的督促和推动作用,但也会存在考评对象敷衍应付考评的情况。因此,表面上的考评成绩并不能如实反映实际的建设效果,长此以往,甚至可能存在问题被掩盖、外强中干的隐患。所以,校园文化建设的考评还应充分重视考评对象的自我评价,重视从普通员工和学生角度进行的自下而上的评价,重视平行单位之间的相互评价。考评对象的自我评价能够促进其自我挖掘、自我反省、自我总结;当然,自评也要在事实的基础上,保证评价的客观、中肯,防止自吹自捧,虚浮夸大。引入普通师生员工自下而上的评价,通过他们的切身感受和反馈,既能在一定程度上反映校园文化建设的实际效果和真实情况,又能以此吸引他们自然而然地参与到校园文化建设的工作当中。推动平行单位进行互评,一方面可以对对方校园文化建设的效果起到监督作用,另一方面也可以对照自身,进行比较,吸收对方在建设中的好经验和好做法,为本单位以后的校园文化建设提供借鉴。可见校园文化建设的考评是多方面的,需要多种考评方法综合使用,这样才能使考评客观、科学、准确,进而达到以评促建、以评促管的效果。

(三)社会评估对校园文化评估的作用

《普通高等学校教育评估暂行规定》指出:"在学校自我评估的基础上,以组织党政有关部门和教育界、知识界以及用人部门进行的社会评估为重点,在政策上体现区别对待、奖优罚劣的原则,鼓励学术机构、社会团体参加教育评估。"

社会评估是一种外部评估,通过社会评估,可使学校不断感受到时代的脉搏。社会文化的推动力通过社会评估传递给学校,作为一种激励和鞭策促进校园文化的发展和进步。在社会主义市场经济条件下,校园文化社会声誉的形成在很大程度上依赖于各种形式的社会评估。

第三节　高校校园文化的创新发展

校园文化创新实质上就是通过文化的继承、扬弃、借鉴与整合,注入新的时代精神,创造出一种适应时代发展要求的先进文化,以进一步为高等教育的改革与发展提供强大的精神动力和深厚的文化支撑。只有创新,才能保证校园文化发展的生机和活力,才能进一步丰富校园文化活动的内容以及表现形式,才能进一步强化校园文化的功能和作用,提高校园文化的品位和层次。

一、高校校园文化创新的含义

校园文化创新是校园文化主体运用新思维、新方法,从而创造物质成果和精神财富,实现教育目标,促进高校发展以及社会进步的活动。例如,北京大学围绕"文明生活、健康成才"教育主题,发掘开学典礼、奖学金典礼和毕业典礼三项大规模典礼的育人资源,将呼应时代主题和传承大学精神相结合,有效促进了校园文化建设的创新发展。

现代高校面临的新形势和新任务对校园文化创新的要求越来越迫切,校园文化也由原先作为高校教学科研工作的背景,一步步升华为高校教学科研育人的核心,成为高校综合实力的重要组成部分和突出的标志,也成为高校深化改革、实现教育现代化的内在动力与根本出路。

高校发展,创新为先;高校改革,创新为本。其实,高校改革与发展同校园文化创新是密不可分的。高校改革发展是校园文化创新的突出体现。因此,高校的改革与发展,必然要求对高校本身的文化传统进行变革与创新,也只有强化校园文化创新,才能真正地推动和实现高校改革与发展。

二、高校校园文化发展的未来趋势

高校是社会主义精神文明建设的重要阵地,高校校园文化随着社会文化的变迁以及自身规律的发展,不断地发展着。但无论外部环境和内部环境如何变化,高校校园文化创新都是一项永恒的工作。

(一)大力发展创新创业教育

当前,我国正加大力度发展创新创业教育,以满足建设创新型国家、增强我国竞争力、提高教育教学质量、缓解就业压力等需求。开展创业教育,不仅需要构建适合不同类型高校的创业模式,更重要的是在大学文化层面上形成创业理念、创业氛围,从而使创业的思想与大学的使命、大学的办学理念、大学的人才培养目标融合在一起。

国际教育会议上将专业教育、职业教育和创业教育称为 21 世纪教育的三张通行证。联合国教科文组织是这样定义创业教育的:"创业教育,从广义上来说是指培养具有开创性的个人,它对于拿薪水的人同样重要,因为用人机构或个人除了要求受雇者在事业上有所成就外,正在越来越重视受雇者的首创、冒险精神,创业和独立工作能力以及技术、社交、管理技能。"创业教育是使受教育者能够在社会经济、文化、政治领域内进行行为创新,开辟或拓展新的发展空间,并为他人和社会提供机遇的探索性行为的教育活动。

教育部印发了《普通本科学校创业教育教学基本要求(试行)》,对普通本科学校创业教育的教学目标、教学原则、教学内容、教学方法和教学组织做出明确规定。创业教育的教学目标是要使学生掌握创业的基础知识和基本理论,熟悉创业的基本流程和基本方法,了解创业的法律法规和相关政策,激发学生的创业意识,提高学生的社会责任感、创新精神和创业能力,促进学生创业就业和全面发展。

校园文化建设与创新创业教育相辅相成,一方面,良好的校园文化有助于学生创新创业能力的提高,学校开展的各类科技创新活动、竞赛和创业论坛等,使更多的学生有机会参与到创新创业活动中去,使学校创新创业的氛围更加浓厚。良好的校园文化可以将创新创业教育的目标和内容外显化、物质化、行为化,落实在具体的、微观的教育教学的运作过程中,体现在教师和学生的行为中。另一方面,通过学校创新创业教育的开展,学生创新创业能力进一步提高,更有助于推动校园文化的建设和发展,如具有某方面创新创业能力的学生群体,能够催生和带动某些方面或领域的校园文化活动的开展,在校园文化建设中激发新的发展因子,进一步繁荣校园文化。因此,应加强创新创业教育,提高学生的创新能力、创业素质,形成创新创业意识和精神,为校园文化注入生机和活力。

(二)"互联网 +"为校园文化建设注入新活力

2015 年初,《政府工作报告》中首次提出"互联网 + 行动计划",重在推动新一代信息技术与各行业进行深度融合,创造新的发展生态。应该说,网络的技术条件给教育提供了更加丰富的内容和形式,同时,通过教育者与受教育者的网络活动与交流,将教育理念融入网络环境中,影响和指导受教育者的主体性形成,能够以一种开放式、互动式的手段引导受教育者主体性的有效发挥。

当校园文化遇到"互联网 +",就为校园文化建设开拓了一片更加广阔的天地。利用"互联网 +"思维,有的高校打造出"互联网 + 思想教育""互联网 + 文体活动""互联网 + 学生服务""互联网 + 社会实践"等,易班、中国大学生在线等网络社区和平台使全国各高校的大学生聚合在一起,增进了大学生的交流和沟通。这些创造性的行为高度契合了"互联网+"的理念和思路,适应了时代发展的趋势,满足了广大师生员工的需求。

可见,互联网进一步扩大了校园文化的活动空间和覆盖面,使校园文化的科技含量大大提高。网络拓展了学生接受知识的范围和途径,使参与式、启发式教学真正成为可能,使终身学习成为普遍趋势。网络可以为使用者提供近乎无限的资源空间,借助网络能充分展示丰富多彩、声形并茂的校园文化,使抽象的东西具体化,增强校园文化的吸引力和感染力。同时,互联网丰富的信息和传播渠道,也为校园文化的建设提供了便捷,学校可以根据校园主导精神和网络特点,精心策划,开展丰富多彩的网上才艺表演、交流、讨论等活动。同时,利用网络开辟培养学生创新能力的空间,建立科学、创意乐园,利用微博、微信等新型网络传播工具,能够传递具有知识性、趣味性的信息,激发学生的青春活力和才学,发挥学生的创新能力,不断优化艺术文化,进一步促进校园文化建设。

"互联网+"还为校园文化建设注入了新的活力,也进一步丰富了校园文化建设的内涵和外延。同时,作为校园文化的一项重要内容,网络文化的地位更加凸显,在这样的背景下,如何利用好、建设好网络阵地,开展好网络法制宣传、网络文明教育、大学网络道德教育等问题越来越引起人们的重视。健康、合理、高效的网络应用,能够对大学生思想教育、专业学习和文化引导发挥积极的重要影响;反之,如果学校不能很好地管理和引导学生用好网络,导致学生沉迷网络不能自拔、受不良思想侵蚀走上歧途等,就会对学生造成极大的危害。

因此,"互联网+"对校园文化建设而言既是机遇,也是挑战,但前进的趋势和方向已定,高校必须张开怀抱,大胆拥抱互联网,在这片新的天地加快推进校园文化的发展。

（三）"文化 +"对校园文化建设提出新要求

"文化 +"是近年来兴起的一个新概念,从本质上讲,就是文化产业的跨界合作与融合。"文化 +"是指文化更加自觉、主动地向经济社会各领域的渗透,其核心是赋予事物活的文化内核、文化属性、文化精神、文化活力、文化形态和文化价值,为事物植入文化的 DNA。"文化 + 民族",为民族注入凝聚力、向心力和内生力;"文化 + 社会",使人类社会智慧能动、有机有序、不断进步;"文化 + 中国",推动"中国制造"走向"中国创造";"文化 + 城市",使城市成为智慧的家园;"文化 + 产业",搭建起产业攀缘上升的云梯,为老产业注入新的活力,催生新产业、新创意、新业态,促进文化产业发展繁荣……"文化 +N",拓展无限空间,注入无穷潜力,催生出不尽的创意创新创造。

可见,"文化 +"把文化提到了前所未有的高度,将其作为一切事物可持续健康发展的根基;同时,文化是一种软实力,"+"什么,怎样"+",实质上就是一种创新,从这个意义上讲,"文化 +"更是一种新思维,是创新驱动发展的生动诠释。在实践中,全国各地都在进行着"文化 +"的有益探索,如"文化 + 城市""文化 + 科技""文化 + 金融"等。这些探索以文化为引擎,不断提高各领域发展的层次和水平,形成了新的发展特色和亮点。

大学作为思想最活跃、最富有创造力的学术殿堂,是新思想、新知识和新文化的摇篮,以其独特的气质来引导人们超越时代和社会的局限,以科学长远的前瞻意识筹划未来,理应成为引领文化发展的一面旗帜。因此,高校校园文化应当有更加强烈的文化自信和文化自觉,对自身提出更高要求,不断提升建设的层次和水平,在"文化 +"的发展中发挥更大作用。一方面,从精神文化、制度文化、行为文化和物质文化等各方面提出更高要求,对于低层次、杂乱无序的文化建设和活动要大胆取消,整合资源,打造校园文化精品,形成特色和优势,全面提升校园文化水平,以高雅的校园文化吸引和熏陶师生员工,使校园文化成为学校发展之魂,成为学校永不衰竭的力量源泉。只有校园文化的层次更加高端,内容更加丰富,才能得到师生员工的欢迎,才能真正发挥其引领作用,才能在"文化+"中发挥更大作用。另一方面,校园文化的建设要主动融入师生员工,要主动渗透到学校发展的各个方面,包括科学研究、课堂教学、产学研合作、社会实践、科技竞赛等,从而形成"文化+科学研究""文化+科技合作""文化+社会实践"等。提升校园文化建设的层次和水平,不是脱离实际的自我发展、自我陶醉,而是必须扎根于师生员工,结合他们需求,结合学科建设、科技合作、课堂教学等工作实际,使各方面工作能够发挥文化的引擎作用。只有这样,校园文化的发展才有根基,才能保持旺盛的生命力。

第三章　高校科学文化建设

第一节　科学与科学文化

一、科学是什么

"科学"一词源于拉丁文"scientia"。日本人最早把"science"译成日文"科学",意思是"分科之学",后来中国一直沿用此说法。诸如回答"科学是什么"或者在探讨科学的起源时,就不得不回到古希腊去寻找它的思想根源。从科学发展的历史来看,科学从古希腊一直发展到现今的形态,经历了一个从无到有的过程。正是在这一过程中,人们对科学的理解在不断加深。

古希腊时期还没有科学这一称谓,关于自然的认知统称为自然哲学。人们对自然的认识才刚刚萌芽,还没有构成独立的、系统的知识体系,一切有关自然的知识几乎都统一于哲学。其实在史前文明中,原始社会的人们在劳动中就已经形成了对自然的认知,日常的生存技巧和经验形成了最初的科学认知。进入奴隶社会以后,随着脑力劳动与体力劳动分工的出现,人们对自然也有了抽象认知和实践认知,文字的出现使人类开始对自然知识有了最早的记录。古希腊和古罗马时代,出现了大批自然哲学家,他们对自然的认知构成奴隶制时代自然科学发展的高峰。

随着文艺复兴与宗教改革等思想解放运动的出现,人们对自然的认识逐渐摆脱了神秘主义色彩,开始基于观察和实验来研究自然现象。由于对自然认知的不断增加,近代自然科学逐渐从自然哲学中分化出来,成为相对独立的各个学科。不过,对"什么是科学"的讨论从来没有停歇。

自然科学萌芽于古代,形成于近代文艺复兴时期。它随着时代的发展日臻成熟,逐渐从小科学时代迈向大科学时代。科学已然成为人类生活的一部分。人类对科学的重视程度与日俱增,科学也尽其所能不断推动着社会经济的发展。

二、从科学到科学文化

人们通常认为,科学是一种知识体系,探讨的是研究对象的本质和规律;相对应地,科学文化被表述为是一种价值体系,它依照科学的精神、原则和标准构建出一套科学价值观,营造出一种文化氛围。然而,这种认识削弱了科学与科学文化的密切的关系。可以说,科学与科学文化本来就是一体的,科学文化不仅是一套科学价值观或文化氛围,在某种意义上也是科学本身。如果将科学比作人,那么科学文化就是人的思想和精神。

科学在长期的实践过程中不断形成一种独特视角、理念、价值观、思维方式,总结起来,它就是一种科学文化。从文化视角来看,科学文化与一般的宗教、艺术、文学等文化形态没有什么不同,它们都是各自的社会功能与社会文化整合的结果,都是一种文化类型。只是科学在社会中的地位逐渐凸显,科学文化才逐渐成为主流文化。它破除了传统文化中神秘的成分,提升了文化中的科学含量,缔造出了一种全新的文化范式。因此,科学文化的研究实际上就是对科学文化属性的研究。

从科学和社会的关系来看,科学是社会发展中的一个重要因素,它与其他社会因素共同作用于人类社会。科学可以影响其他社会因素的发展,其他社会因素同样会左右科学的进步。当科学与某些社会因素相互需求、相互支持时,科学便会迅速发展。例如,在工业革命时期,传统的农业生产方式逐步被大机器生产方式所取代,生产方式的变革直接带动了科学的发展。科学成为物质变革的核心力量,物质的变化必然导致意识的变革。因此,传统的农业文明也逐渐过渡到工业文明,神学文化也开始转向科学文化。

从科学和文化的关系来看,人类认识自然的过程可以分为三个阶段:依靠神秘力量来解释自然现象(神学阶段);利用抽象的哲学思维来思考自然现象(形而上学阶段);使用实证主义的方法来认识自然现象(科学阶段)。当人类进入科学阶段时,所形成的主导文化必然是科学文化。在科学文化影响下,人们破除以往神秘主义、虚构主义的认识方式,采用实证主义的方法,以一种求真的态度来认知世界。

从科学和意识形态的关系来看,不同的时代有着不同的信念和价值观。在科学文化的指引下,人类形成了一种实事求是的价值观。科学文化不仅作用于科学家,而且还作用于整个人类的认知水平。实证求真的科学方法无论是在科学领域,还是在科学以外的人文社会科学领域都成了主流的认知方式。科学的信念和价值观成了现代社会的核心信念和价值观,引导人类走向真、善、美的智识境界。

三、对科学文化的理解

虽然科学文化的概念极为广泛,但可以将其大致分为广义的科学文化和狭义的科学文化。广义的科学文化是指在一定时期内科学家和公众共同形成的科学思想、科学理念、道德准则、习俗约定,其是人类先进文化的重要组成部分,是孕育和激励科技创新的土壤,是维系科学道德的行为准则与价值观念。狭义的科学文化则指科学家内部形成的科学思想、科学方法、科学道德等。

广义的科学文化由内圈和外圈的文化共同构成（如图3-1所示）。狭义的科学文化特指内圈的文化,即科学共同体的文化,其受传统智识和社会因素的影响。内圈中还有一个由权威专家组成的硬核,硬核是科学共同体规则的主导者。内圈和外圈之间存在着一个过渡带,外圈的人可以通过学习进入过渡带从而进入内圈,内圈的人也可以将知识通过过渡带传播给外圈的人。内圈与外圈是一种互动交流的关系。

图3-1　科学文化的构成图

科学文化起源于内圈。内圈会产出一种持久的、独立的、确定的、客观的文化体系,不断向外传播,遍及整个外圈。然而,这种传播并不是单向的,内圈文化同样依赖于外圈文化。内圈文化的形成受到整体文化的影响。内圈与外圈在交流过程中的特征是思想和经验民主的交流,从内圈向外公开,渗透于外圈,然后反馈回内圈,最终形成一个内外融通的科学文化。

科学文化通过这样的传播经历了一个社会强化的过程。相较于宗教文化,科学文化的内圈与外圈有着相互的交流,并且民主地依赖着来自外圈的公众意见。内圈的领导者或许会主导科学文化的走向,但最终的文化形态将由内圈、外圈共同决定。

对科学文化起源的考察应该从狭义的科学文化开始,即首先研究科学共同体的文化。然而近代西方科学文化的形成又离不开传统智识和社会因素的影响,因此我们应从科学文化史的角度入手,考察科学共同体的文化的形成与发展。

第二节　科学文化建设的总体思路

科学文化建设既要体现历史传承,也要反映时代需要和特点,更要着眼未来,有利于建设创新型国家和世界科技强国。科学文化是社会文化的重要组成部分,是最先进、最有活力、最有价值的文化。因此,明确科学文化建设的总体思路,大力建设科学文化,具有重要的现实意义和深远的历史意义。

一、科学文化建设的指导思想

坚持"自主创新、重点跨越、支撑发展、引领未来"的方针,坚持社会主义先进文化的发展方向,以弘扬科学精神、形成正确的科学价值观为核心,以形成弘扬科学文化传统的传承机制和符合科学文化传播规律的传播体系为重点,以塑造合理的行为规范、营造有利于科学发展的制度文化和社会氛围为目标,全面建设符合社会主义核心价值体系、符合科学研究特点和科学发展规律的科学文化,为促进我国科学事业健康发展,加快提升我国自主创新能力和建设创新型国家,提供有力的制度保障和良好的文化氛围。

二、科学文化建设的原则

（一）顶层设计，上下联动

推进科学文化建设要优先改变资源相对分散、缺乏统筹治理的局面。通过顶层设计，尽快形成规划先导、纲要引领、专项支撑、体系完备的良性工作格局。同时，要积极调动地方政府、各级学会、科研机构、高等院校的主动性和积极性，鼓励其在工作领域内率先尝试，着力在先导区、示范区内形成可推广的、面向全国的科学文化建设经验。

（二）重点突破，系统推进

当前的科学文化建设要着力以弘扬科学精神、形成正确的科学价值观为核心，以形成弘扬科学文化传统的传承机制和符合科学文化传播规律的传播体系为重点，以塑造合理的行为规范、营造有利于科学发展的制度文化和社会氛围为旨归。同时，要从科学文化建设的全面要求出发，促进价值引导、制度规约、器物支撑和活动培育等多个环节的有机衔接，形成重点突破、系统推进科学文化建设的长效机制。

（三）广泛参与，分类指导

动员广大科技工作者自觉做社会主义核心价值观的带头践行者、科研道德的坚定捍卫者、科学文化的积极传播者。要研究重点人群特征，提高科学文化传播的针对性和实效性；科技管理机构要逐渐探索科技评价和激励机制的正确导向，各级科学技术协会要倡导正确的科学价值观念和服务理念，各级学会要倡导推进学术民主、促进团结协作、搭建交流平台，努力形成有效激励和服务于科学事业发展的管理理念和制度文化。

（四）优秀传统，国际交流

我们既要充分借鉴发达国家科学文化建设的先进经验，及时把握新一轮全球科技革命的发展趋势,也要善于继承有利于科技发展的本土文化资源,努力形成符合科技自身发展的一般规律,彰显中国科技活动特色的科学文化传统。

(五)理念文化,制度文化建设

把培育和践行社会主义核心价值观作为科学文化建设的核心内容,引导广大科技工作者带头自觉践行社会主义核心价值观,不断巩固壮大积极健康向上的主流思想舆论。科学文化不仅需要塑造尊重知识、探究真理、保障科学探索自由的价值理念,更需要把这种价值观念转化为促进科学事业不断发展的制度,用合理的体制机制展现先进的文化理念,从而有效地激励和规约科技工作者的行为,使科学文化能够内化于心、外化于行。

三、科学文化建设的基本框架

科学文化建设的基本框架包括四个维度:价值凝练、制度规约、器物支撑、活动培育。价值观念是核心,制度是保障,器物是基础,活动是生命力。

(一)价值凝练

价值观念是科学文化建设的核心,关键在于要明确科学文化建设的基本价值导向,形成对科学的理性认识,在全社会形成对科学价值的准确定位;要加强科学界、科研管理部门和社会公众对科学价值、科研特点和规律的认识与把握,形成一种尽可能广泛的共识,进而形成一种正确的科学价值观和科学精神。

(二)制度规约

制度机制是科学文化建设的保障,重点是要把科学价值观念以及对科学研究规律的理性认识制度化,并且通过建立适宜的制度,形成激励、引导和约束人们行为的一种制度体系。具体来讲主要包括六个方面:科学组织机制、科研规范和监督机制、科学价值评议制度、科学共同体自治与自律制度、鼓励创新的社会支撑机制和科学文化传播机制。

（三）器物支撑

器物是科学文化建设的基础，主要是充分利用专业基础设施和公共文化设施，打造科学文化建设的资源共享平台，形成丰富多样的科学文化教育和传播阵地。同时，要结合信息时代的特点，建构理解和传播科学文化的便捷信息通道。主要包括三个方面：①利用专业基础设施，在实现科研共享和专业交流的同时，进一步拓展其培育下一代科技人才的功能。②加快科学文化与我国文化公共基础设施的整合，以便更好地传播科学文化。③注重信息化建设，建立便捷和个性化的网络平台。

（四）活动培育

实践活动是科学文化建设的生命力，决定着科学文化普及与弘扬的成效。科学文化是抽象的，生动有趣、易于接受、喜闻乐见的活动有利于促进人们对科学文化的理解、接受与内化，也必将促进科学文化的不断演进。具体来讲，主要包括四个方面：科学文化的研究与交流；政府、科学家、社会公众的互动；典型科学文化事迹的宣传普及；开放共享的、广泛参与的科学文化公共讨论。

中国科学文化建设（如图3-2所示）包括三条主线：第一条主线是科学文化建设的目标体系，即围绕"四位一体"的框架，旨在通过价值凝练、制度规约、器物支撑和活动培育全面推进科学文化建设；第二条主线是参与科学文化建设的行动者网络体系，即要明确政治共同体、科学共同体、社会公众、教学科研系统以及其他行动者的角色定位和主要任务；第三条主线是科学文化建设的路径，即瞄准"四位一体"的框架，建立各行动者分工参与的建设路径,以"交织并行、各有侧重"的原则,系统地推进科学文化建设。

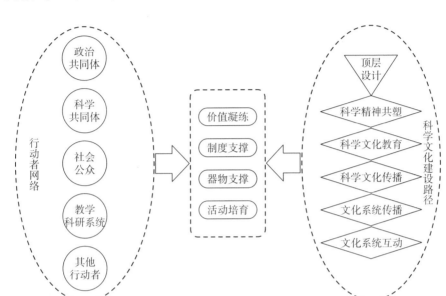

图 3-2　中国科学文化建设路线图

四、科学文化建设的行动者及其功能

总体来看,中国科学文化建设的参与主体包括政治共同体、科学共同体、教学科研系统、社会公众等多个行动者。分析他们在科学文化建设中的基本功能(表 3-1),需要结合前文提到的"内在的"科学文化和"外在的"科学文化进行理解。

表 3-1　中国科学文化建设中行动者角色

对象	特点	表现形式
科学共同体	形成适应科学知识生产的制度规范体系,塑造科学共同体内部的行为规范	科学家公开发表研究成果、相互评价科研工作、分配科学共同体内部承认的制度化,改进科学研究的技术手段,提升科学家的研究能力,培养年轻科学家,塑造科学家的合作网络

对象	特点	表现形式
教学科研系统	生产新的知识,推进教学和科研制度的发展,教育和规范科研人员和学生的行为	教师和科研人员发表新成果,将新知识、正确的科学观和科研行为传递给学生和科研下一代,主要体现为科学文化的教育功能
政治共同体	科学体制化的重要推手,连接科学共同体与社会公众的关键桥梁	探索和改进科学研究的组织方式和管理机制,支撑形成新的产业和经济增长点,增强国家的综合竞争力
社会公众	公众理解和参与科学议题,提高自身的科学素养	传播科学知识及孕育于其中的科学思想,传播科学知识及孕育于其中的科学方法,传播科学价值及孕育于其中的科学精神
其他行动者	根据行动者自身特点,将科学文化纳入其发展体系中,拓展科学文化传播的渠道	将科学精神和科学知识蕴含于其他活动形式或体系中,比如将艺术与科学相结合,实现在艺术欣赏中愉快地接受科学的熏陶,等等

"内在的"科学文化与科学共同体和教学科研系统密切相关。它指涉科学共同体内部的文化共识,隐含着"求真知"的文化诉求,旨在确立科学知识生产的独立价值,建立一整套适应科学知识生产的制度规范体系。以此为基础,形成了一种摒除个人偏见、共同追求真知的科研文化,塑造了科学共同体内部的行为规范。这种科研文化促进了科学的内部体制化:科学家公开发表研究成果、相互评价科研工作、分配科学共同体内部承认的制度化。这种制度化为共同遵守科研技术和社会准则的科学家之间的互动提供了规范,进而为改进科学研究的技术手段、提升科学家的研究能力、培养年轻科学家、塑造科学家的合作网络等提供了制度保障。

与"外在的"科学文化密切相关的对象是政府与公众。它涉及整个社会对科学知识价值与意义的充分认同,是与科学知识生产相关联的社会文化塑造,伴随着科学文化与社会文化的相互适应、相互调整的过程。这一过程隐含着"致实用"的文化诉求,最终确立了科学知识的"功利主义"价值观念。纵观各国科学文化建设的经验,在整个社会逐步形成对科学价值的认同过程中,政府无疑扮演着至关重要的连接角色。一方面,政府在制度设计层面建构科研体制、改进科学研究的组织方式、决定对科研的支持方式及力度等,从而实现对科学事业的宏观管理;另一方面,政府是向社会公众进行科学文化传播的主要推动力量,以在更大范围内获得公众对增加科学研究投资、投身科学研究事业的支持,进而支撑形成新的产业和经济增长点,增强国家的综合竞争力。

五、科学文化建设的主要任务

我们应以传承过去、立足当下、面向未来的建设思路,以系统融合、要素联动的建设原则,以实施价值凝练、制度规约、器物支撑、活动培育的建设路径,开展科学文化建设的总体任务布局。围绕倡导价值导向、弘扬科学精神、恪守科研道德、营造制度氛围等核心内容,研究形成了12项科学文化建设战略任务以及相关的操作性行动计划。

(一)战略任务一——凝练核心价值

凝练和传播科学文化的核心价值,塑造贯穿时代、与时俱进的科学文化理念。

——以科学精神和社会主义核心价值体系为指导,从科学研究的特点和科学发展的规律出发,总结并提炼科学文化的核心价值理念,既要提炼科学文化所具有的时代特征,也要挖掘贯彻科学历程唯实、求真的核心要义。

——在与科学事业相关的多样化、异质性人群和广泛的利益相关者之中开展广泛的交流和研讨。同时,利用多种媒体形式宣传科学的核心价值理念,形成对科学核心价值理念的自觉认识和广泛认同。

——秉持科学文化的核心价值,传承过去、立足当下、面向未来。审视当下科研环境与科学价值,客观、理性地认识与引领未来科学与社会互动发展的科学文化理念。

(二)战略任务二——内化公众自觉

营造尊重科学、理解科学的社会氛围,推动实现全社会科学文化自觉,形成鼓励创新创业的人文环境。

——全面贯彻落实,实施"政府推动,全民参与,提升素质,促进和谐"行动方针。针对不同人群,制订合理有效的行动计划。通过开展相关活动,提升全体公众的科学文化素质,使科学的价值理念内化于心,外化于行。

——分类分层推进针对未成年人、农民、城镇劳动人口、各级政府官员等重点人群的科学文化普及与传播,带动全民科学素质提高。

——加强软硬件基础设施建设与人文环境的营造,让公众充分接触科学、理解科学,实现全社会科学文化自觉。

——以科技创新创业浪潮推动科学共同体、科技界与全社会的对话合作,形成积极的创新文化,将创新创业发展推向新的高度。

(三)战略任务三——恪守科研诚信,完善科学共同体的行为规范和伦理准则,加强科研诚信建设

——加强国家科研诚信制度建设,加快相关立法进程,建立科研诚信档案制度,奖惩并存,加大对学术不端行为的惩处力度,提高失信与违纪成本,切实净化学术风气。

——加强科研诚信和科学伦理的社会监督,搭建公众与科学共同体直接对话的交流平台,建立有效的公众监督问责机制和反馈机制,扩大公众对科研活动的知情权、监督权和参与权。

（四）战略任务四——建立管理制度

促进核心价值理念的制度化,形成符合科研特点和规律的管理理念和制度文化。

——有效发挥政策制定部门和科研管理部门在推进科学文化理念制度化过程中的重要作用。

——加强科学管理机构的文化建设,形成以尊重科研规律、服务科研需要、提升自身能力、回答社会问责为导向的管理和服务理念。

——重视作为科研管理措施、资源配置依据和绩效考核手段的科技评价工作的作用,以评价促管理,建立绩效评价理念。

——梳理科研管理相关制度,纠正与科学精神不相符合、与科研特点不相适应的管理方式和制度机制,形成正确的管理和评价导向。

（五）战略任务五——完善教育体系

树立科学文化的践行标杆,建立和完善科学文化教育体系和考评体系。

——把科学文化教育和科研诚信教育纳入国民教育体系和科技人员职业培训体系,与理想信念、职业道德和法治教育相结合,强化科技人员的诚信意识和社会责任意识。

——加强对科研管理人员科学精神、科学文化的教育,搭建科研管理人员与科技工作者的对话平台,提升科研管理综合能力与全面视野,引导科研管理人员以科学精神和科学文化为导向,推进科技体制改革和科研管理制度创新。

——将科学精神、科学文化课程纳入高等院校的必修课程体系,重点加强科学精神与科学道德、科研诚信与科研伦理等专题课程。开展正反对比案例研究,重视典型案例的引导性,弘扬专业、奉献、客观、开放的科学态度,批判学术不端、违反诚信等不良科学风气。

——将科学文化建设纳入教育科研系统的职责范围内,可考虑将其作为机构绩效考核的重要指标,建立动态评价体系。关注科研团队在科学文化建设的推广、宣传和教育等领域做出的贡献,有益于树立科学文化践行者标杆,推动个体和团队全情投入,进而提高整个机构和组织的科研绩效。

(六)战略任务六——激活科学社团

重视科学社团的社会职能,加强学术团体和科研机构的科学文化建设,提升共同体内部约束能力。

——发挥科研机构和学术团体的自治和自律功能,把科学文化建设作为重要职责。研究制定适应研究机构、研究领域特点和要求的行为规范与行动指南,引导科技人员加强自我管理、自我约束、相互监督,避免非学术因素干扰科学研究进程,形成具有广泛凝聚力、约束力、有特色的组织文化。

——着力建设一批具有优良科学文化传统和普遍示范作用的学术团体和科研机构。学术团体和科研机构要结合自身特点,以适当方式向社会公众传播科学文化。充分发挥科学共同体和科技社团在科技评价中的作用,把科学文化建设纳入重点工作议题。政府部门要建立科学文化建设考核体系,将科学文化建设的成效作为机构绩效考核评估的重要指标,不断建立和完善科学文化建设的激励机制。

(七)战略任务七——建设科学文化基础设施

加强科学文化基础设施建设,充分发挥和拓展科学文化基础设施的功能,为科学文化建设提供物质基础和硬件支撑。

——实施载体创建工程,加快科学文化建设示范基地和科学文化主题场馆建设,并实现其与社会文化基础设施的功能整合。

——科技场馆要把传播科学文化作为重要任务，创新展览方式方法，进一步探索有效展现科学精神和科学研究方法的途径。

——完善科学文化传播的技术平台和基础设施。制定科学文化传播的规范性文件，积极利用已有信息资源和新媒体，建立与时代发展相适应的传播体系。例如，拍摄专题性系列纪录片，利用博客、微博、微信公众号、慕课等在线交流平台和在线课程开发技术等形式，加强科学文化传播与教育。

（八）战略任务八——建立研究基地加强对科学精神、科学文化的研究和交流，建设若干科学文化研究基地，以点带面，推进科学文化研究的组织和机构建设

——加强科学文化相关研究，可定期制定科学文化研究主题指南，具有导向性地面向全社会部署科学文化建设的主题研究任务。同时，必须注意科学文化与人文文化相辅相成，共同推进人类社会进步。继续深入开展科学文化专题研讨，梳理中国科学文化的发展历史、发展机制以及科学文化的地域特征等问题。以研究方向为引领、以项目为依托，培育高水平科学文化研究队伍。充分发挥科学家在科学文化研究中的重要作用，资助优秀的科学传播工作者创立特色品牌。

——加强科学文化研究基地建设，完善科学文化研究体系。依托有基础和优势的高等院校和科研机构建立科学文化研究基地。通过不同主题或区域的布局，推动一系列科学文化研究与传播领域的协同创新中心或高水平智库的涌现，逐步形成有序、合理、良性的竞争与协作动力机制。

——创办并扶持科学文化学术期刊的发展，打造高端科学文化理论阵地。科学文化学术期刊是传播学术信息、反映学术成果和交流学术思想的重要媒介之一。要支持相关学术团体或研究基地创办专门的科学文化研究刊物,并扶持已有相关学术期刊的发展。

——组织翻译引进或研究编写高水平的科学文化著作、教材,以此带动相关研究的深化与拓展。

(九)战略任务九——创建影响力品牌,打造中国科学文化建设品牌,形成广泛的社会影响力

——实施科学文化建设示范工程,继续推进"老科学家学术成长资料采集工程"。重点在学校开展宣讲教育活动,形成一系列科学文化宣传的品牌活动,如"科学大师高校宣传活动""科学道德与学风建设宣讲教育活动""中国优秀科学家主题展"等。有组织地对社会关注的热点科学问题或事件进行讨论,形成科学文化传播的品牌性平台,筹备创建具有国际影响的品牌论坛。

——充分利用我国文化强国战略中的相关品牌活动和重大行动计划,将科学文化融入多样化的文化建设系统中,以增强科学文化传播的吸引力、感染力。结合社会主义核心价值体系建设以及创新文化的发展,引导科技工作者自觉践行社会主义核心价值体系,大力弘扬求真务实、勇于创新、团结协作、无私奉献、报效祖国的精神,保障学术自由,营造宽松包容、奋发向上的学术氛围。

——大力宣传优秀科技工作者和团队的先进事迹,创新传播形式,增强传播的实效性,进一步形成尊重劳动、尊重知识、尊重人才、尊重创造的良好社会风尚。

(十)战略任务十——强化设计规划强化顶层设计,对科学文化建设进行合理规划和总体布局

——全面布局科学文化建设工作。明确相关政府部门和科研机构、大学与学术团体的责任,形成自上而下的系统规划与自下而上的实践探索相互结合、上下联动的工作机制,全面提高社会各界对科学文化建设重要性的认识。针对重点人群研究制订有针对性的科学文化建设实施方案。发挥优秀科研机构、大学和学术团体的示范辐射作用。

——调整"国家科技教育领导小组"的主要职责和成员组成。将科学文化建设纳入其职责范围,适时将中国科学技术协会、国家自然科学基金委员会、中国社会科学院等相关单位纳入领导小组之中。

——梳理现有科研管理制度,调整不符合科研规律和特点的制度安排。科学文化建设与科研管理制度密切相关,应充分结合《中共中央 国务院关于深化科技体制改革加快国家创新体系建设的意见》《国务院关于改进加强中央财政科研项目和资金管理的若干意见》等重要文件精神,在改革科技体制过程中充分考虑文化因素,使科学管理制度和科学文化更好地服务于科学研究和科学事业的发展。进一步改革与完善科技评价与奖励制度,由相关部门牵头建立我国科学价值评议的基本准则,建立以科研能力和创新成果为导向的评价奖励体系和标准,指导不同类型的科研机构和组织开展科技评价,加强国际评估和第三方评估工具的应用。

（十一）战略任务十一——强化国际交流

国际交流是文化建设的重要途径之一,也是科学文化传播的重要路径,加强科学文化建设的国际交流对于促进科学文化建设具有重要意义。

——科学文化是开放的文化,走出国门是实现我国文化强国目标的关键。要大力支持国际科技文化交流活动,充分利用世界华人交流协会、海外华人科学家、留学归国科学家等资源,在进一步发展我国科学文化的同时,将我国科学文化推向国际舞台。

——加强科学文化研究的国际合作,使科学文化国际交流规范化、制度化。举办国际科学文化论坛,提高中国科学文化的国际影响力。翻译、引进国外高水平科学文化研究著作、教材,借鉴和吸收国外科学文化建设的先进成果和先进经验。

依托"一带一路"倡议打造科学文化建设共同体。在"一带一路"倡议建设中,单独设置科学文化交流传播项目,并在科技合作项目中设置与科学文化相关的子项目。一方面,在科学文化项目中,与相关国家科学技术人员和当地民众交流科学问题,弘扬科学精神、传播科学文化,在国际上树立中国知识型、技能型、创新型劳动者大军的形象。另一方面,通过"一带一路"科学文化项目,了解世界科技前沿、瞄准国际标准、进一步激发我国创新精神和企业家精神,培养造就一批具有国际视野与多元文化背景的高水平科学技术人才。要在"一带一路"倡议实施过程中,构建科学文化建设共同体,切实将"一带一路"国家乃至世界各国,打造成为政治互信、经济融合、文化包容的利益共同体、命运共同体和责任共同体。

(十二)战略任务十二——调动资源促建设

发展科学文化产业,调动社会力量,动员社会资源,鼓励社会资本投入,利用市场机制促进科学文化建设。

——在全面建设社会主义先进文化的外部环境下,科学文化应充分发挥文化的经济功能,融入文化产业热潮。要鼓励和调动社会力量积极参与科学文化建设。创办、扶持一批与科学文化建设相关的品牌企业、新兴业态,与地方政府合作推动科学文化产业基地的发展。

——组织力量对有争议性的科技传播问题进行协同攻关,主动回应社会公众关心关注的科技风险议题。推动高校、科研机构、科学文化研究机构与核电、化工等相关行业重点单位的深度合作,培育一批有社会影响力的科学文化传播产品。

　　——利用市场机制,鼓励有竞争力的科学文化产品走向市场,吸引成熟的市场主体参与与科学文化相关的产品研发、市场推广、产业培育、就业吸纳。坚持经济效益与社会效益的统一,实现科学文化事业体制与产业机制的协同进化。

第三节　高校科学文化建设的探索

一、高校科学文化建设中存在的问题

　　由于历史原因,我国理工科高校建校体制和发展中不同程度存在"重科技轻人文,重知识轻能力,重理论轻实践"的现象。单一的知识型理工科教育体系,使得学生的综合素质很难与飞速发展的经济社会的人才需求相适应。当前,大部分理工科高校已经认识到了大学文化对于学校发展的重要意义,开始重视大学文化建设并取得了一定成效。

二、高校科学文化建设的作用

　　高校具有对传统文化的传承及对新文化的创新功能,是传授知识、培养人才的基地。高校中的科学文化和人文精神相生成成、相互交融,构成了一个完整的大学文化。

　　高校科学文化建设对于高校的建设和发展,对于创建高校独特的大学精神等都是非常重要的。良好的大学文化能对大学生的精神状态、行为及学校的校风、教风、学风等起到积极的规范、导向、激励和塑造作用。这种良好的文化氛围,能使知识的传播者及接受者产生一种积极向上的,追求知识、探寻真理及注重个人修养的氛围。

纵观各种形态的社会文化发展,高校科学文化建设对所处的社会产生直接而又积极的影响,在社会文化建设中具有重要作用,是社会文化建设发展中不可缺少的一个重要组成部分。

三、高校科学文化建设的着力点

科学是人的智力发展中的最后一步,并且可以被看成是人类文化最高最独特的成就。大学文化是在学校长期发展建设中由各种成果积累而成的,是社会文化的一部分,具有丰富的科学内涵和深厚的文化底蕴。

(一)科学文化在学校建设发展中的作用

在大学文化的建设中,科学文化起着主导作用,并处于核心地位。科学文化是实现高校使命的文化保证。高校的主要使命之一就是育人,培育对社会有用的高素质人才;进行自然科学和社会科学的不断研究与探索。此外,高校还是承担着传统文化的传承和文化创新的重要机构。要完成高校的使命,除具备良好的办学理念、长远的发展规划、科学的决策、有效的管理机制等因素,还必须具有良好的文化环境与之相适应。只有努力营造尊重知识和尊重人才的氛围,树立科学的办学理念,营造民主活泼的学术气氛、和谐融洽的人际环境、舒适幽雅的生活氛围,才能形成自己鲜明的办学特色,从而稳步、协调地健康发展,实现最终的奋斗目标。

(二)高校加强科学文化建设的着力点

1. 解决科学精神与人文精神相结合的问题

大学文化建设要注重科学精神与人文精神相统一。这两种精神的内涵和特点是不一样的。科学精神是指实事求是的精神,理性的精神;人文精神是指对人的尊重,对人的价值、尊严的肯定。高校承担着科学进步与人的全面发展的使命,其文化建设应该追求科学精神与人文精神的融合。

2. 解决文化的传承与创新问题

大学文化具有传承功能和创新功能。在现代社会的发展中,大学文化建设应实现传统文化与现代文化的相互吸收、取长补短,同时发挥传承和创新的作用。在引导师生创新的同时,融科学文化于传统文化之中,这样更符合中国的实际,也更符合时代精神的要求。

四、高校科学文化建设的重要实践

一个国家的强盛,离不开精神的支撑;一个民族的进步,有赖于文明的滋养。科学大师是科学知识和科学精神的"活的"载体,是科技活动职业特质的直接外在展现。长期以来,我国科技界涌现出许多受到人民爱戴的科学家,他们代表的是一种时代精神,影响的是一代又一代年轻人。真人、真事、真感情,最能打动人、吸引人、影响人。科学大师会演活动,就是要生动再现这些人民爱戴的科学家科技报国的辉煌人生,用更加鲜活的科学家形象丰富校园文化,引领时代风尚,引导广大青少年和科技工作者更加自觉地践行社会主义核心价值观;就是要让更多的青年学生和科技工作者深入了解科学家的感人事迹,切身感受他们高尚的思想境界和崇高的人格魅力,思考当代科技工作者的人生道路和责任担当,更加自觉地把智慧和力量凝聚到为实现中华民族伟大复兴的中国梦而奋斗的宏伟事业中来;就是要大力弘扬科学精神,培育科学文化,营造尊重知识、尊重人才的良好氛围,吹起"大众创新、万众创业"的号角,把全社会的创造活力和创新热情调动起来、激发出来;就是要让更多的青年学生和科技工作者从前辈大师的科学人生中有所感悟、有所收获、有所启迪,把红色的"科学旋风"吹遍古城,让科学精神传播到祖国的各个角落。宣传工程具有如下特点和影响。

第一,以细节感人,宣传工程让科学精神"活"起来。对于年轻的大学生来说,传统说教式教育的效果已经大不如前。宣传工程经过实地调研,创造性地推出了以师生演校友、学弟演学长的方式,以话剧、音乐剧的形式,挖掘科学大师成功背后那些鲜为人知的精彩故事,展示科学大师的光辉业绩和崇高形象。"这些舞台剧从平常生活谈起,没有唱高调,从细节上感动人""比起通常的事迹报告会、电影、发放阅读书籍等教育形式,这种方式更加深入学生的心灵"……正如大学生所评论的那样,这些舞台剧以艺术的手法,把已故大师"追求真理、爱国奉献、不畏艰险、求实创新"的科学精神演"活"了,让他们切身感受到大师的人格魅力和精神风范,受到了终生难忘的心灵洗礼。

第二,宣传工程为传播科学精神、创新教育理念提供有益借鉴。如何让大师的科学精神重放光芒,让高贵的精神遗产薪火相传? 宣传工程为此提供了有益的启示。浇水要浇在根上,育人要说到心上,只要因地制宜,顺势而为,创新教育理念,改变教育方法,采取当代青年人喜闻乐见的方式,科学精神的种子就会在他们心中生根发芽、开花结果。

第三,会演剧目弘扬正气,受到各界肯定。上演剧目表现了科学家顶住压力为国奉献的光辉形象。这些剧目的服装、道具和舞台装置都经过精心设计,它们不光是在会演中受到好评,在本校的演出中也受到好评,一般被作为"校园保留剧目"和新生教育剧。

第四,高校学子点赞宣传工程,会演剧目有效传递正能量,激发学子向上好学的情愫。

第四章　高校校园物质文化建设

第一节　高校校园物质文化的概念与特征

一、高校校园物质文化的概念

高校校园物质文化是高校精神文化的物质载体。学校物质文化有两种主要表现形式:一是学校环境文化,包括学校的总体结构和布局、校园绿化和美化、具有教育含义的教育和教学场所以及校园环境卫生等;二是设施文化,包括教学仪器、图书、实验设备、办公设备和后勤保障设施等。

高校校园物质文化是高校文化的有形部分。它是指高校内看得见、摸得着的物化的文化形态,是学校文化的"外壳",奠定学校文化存在和发展的物质基础;同时,它又是高校文化"内核"的载体,体现着一定的价值目标、审美意向等,是富有教育内涵的人文环境。学校物质文化是学校内人的对象化活动的结果,一方面,人是物质文化的创造者、改造者,使自己所处的物质环境打上种种思想观念的烙印;另一方面,人又是物质文化的受用者,让自己在特定的物质环境中得以陶冶和熏染。因此,从某种意义上说:学校物质文化是学校成员智慧、力量、集体感的象征,可以使青少年学生在不知不觉中,自然而然地受到熏染、启发,从而实现学校文化的育人功能。

具体来讲,高校物质文化主要是通过校园环境的创设而发挥它的育人效应的。校园环境是大学生成长、发展的微观环境,也是学校教育、教学活动能够顺利开展的重要条件。所谓校园环境,就是围绕在学校成员周围的一切事物的总和,也可以说是学校所有外界力量对大学生作用的总和。高校环境由学校物质环境和心理环境两部分构成。前者指能够使学校教育、教学活动得以顺利进行,或者得以深化和发展教育影响的外部条件。譬如学校地理位置、学校建筑、学校布局、学校绿化等。后者指为实现教育目标,完成学校管理职能,提高学校教育、教学管理工作效率的内部条件,包括个人心理环境和社会心理环境等。物理环境是高校文化的载体,也是心理环境发挥作用的基础;心理环境是学校文化的核心内容,是学校师生积淀于内心的观念形态的环境,是大学生个性化和社会化的培养基地。这两种环境之间相互作用,相互影响,从而构成一个完整的学校环境。我们在此所论及的高校物质文化的学校环境,是指高校物质环境文化。它主要包括以下内容:

(一)高校地理环境

学校地理环境的优与劣,是学校物质环境好坏的一个重要方面。因此,在学校物质环境的诸因素中,校址的选择是一个重要的环节。古今中外的教育家都十分重视教育环境的选择。我国历代教育家十分重视以自然山水陶冶弟子的情操,与此相应,形成了重视学校环境美的传统。在西方,欧洲古老的大学也十分重视学校地理环境的选择,这与中国大学建设是相通的。近年来,随着我国各大城市的急速发展扩大,以往大学的地理位置有很多都成为闹市区,这就不再适合大学生的成长。部分学校开始在城市周边建立大学城,这些大学城既可以让学生的生活远离城区的喧闹,又可以形成自己的发展空间,建造一个更适合大学生成长的物质文化空间。

在当代,在改革开放的现代社会,我们并不提倡营造一个封闭的、与世隔绝的"世外桃源",但我们也不能允许社会上的污泥浊水在校园中肆意泛滥,这就更需要我们积极创设一个良好的育人环境,加强学校文化的建设,以确保人才培养的有效性。在此,学校周边环境的优化与净化,就成为一个重要的内容。

（二）高校校园内建设的规划和布局

在学校物质环境文化的建设中,学校选址固然是很重要的一环,但学校内部的统一规划和布局更为重要,这是建设良好的物质环境的重要步骤和措施。学校内部规划、布局是一项系统工程,既要反应学校的整体风貌,又要考虑到教学生活的便利;既有利于学校的统一管理,又要使各个部分相互协调,发挥其最大效用……而这一切又都必须体现出环境育人的宗旨。因此,学校内部的规划与布局要遵循一定的规律,在总体设计上要符合"使用方便、流向合理、减少拥挤、避免干扰、节约时间、提高效率"的原则。具体来说,学校要规划、布局符合以下要求的良好校园环境:治学严谨的学习环境;生动活泼的文化环境;清洁卫生的生活环境;幽静宜人的自然环境。

总之,在进行学校建筑的设计时应体现以下原则:一是尊重历史,重视文脉;二是注意校园建筑的整体和谐;三是材料朴实,功能合理。

（三）高校校园的绿化和净化

优美的校园环境,能给人以美的享受。校园树木葱茏,红花绿叶,草坪如茵,整洁卫生,空气清新,舒适优雅,对于青少年学生来说,可以起到安定情绪、启迪思想、陶冶情操、净化心灵的作用。

校园绿化和园林景物布置是学校总体规划的重要组成部分,在设计总体规划布局时,就应该一起考虑,同时设计,同时施工。一座美丽的校园,不仅体现在建筑物上,同时也体现在景点、园林及绿化等方面。建筑物是否具有美感,与景点、园林、绿化的衬托密切相关,从而直接影响到整个校园的美感。各类学校都有自己的特点,绿化、景观等应结合当地实际,反应本地区的特点。但基本要求是讲究协调平衡与变化多样的统一。还要讲究点、线、面的结合,点要幽雅,线要整齐,面要宽敞开朗。

校园净化主要是指清除垃圾杂物,减轻噪声,做好环境卫生工作,使校园整齐、清洁、安静,促进师生的学习和工作。

(四)高校校园中的人文景观

学校物质环境建设最根本的目的就是寓情于环境之中,寓教育于景物之中。在物质环境建设中固然要着眼于自然、物质,但在学校这一场地则要求必须赋予自然、物质以及人文因素,亦即教育的期望和意图。特别要注意利用和创设一些校园人文景观,以强化学校文化的教育作用。这方面的内容主要体现在:充分利用学校已有的人文景观挖掘其独特的教育作用。积极创设学校人文景观,赋予其深刻的教育意义。巧借自然之物,达成教育之目的。

(五)学校文化传播设施

学校物质文化建设,不仅要注重校园物质环境的改造和创新,还应重视各文化设施的建立与健全。文化设施是任何文化都不可缺少的组成部分,是文化传播的物质载体。它对学校师生员工思想观念、行为的形成同样起着不可估量的作用。尤其是在信息社会的今天,学生不仅在课堂上,从书本中接受着对他们产生影响的教育信息,而且还在课堂以外的其他多种活动中,从各种传播媒介中接受了许多对他们具有教育意义的信息。学校文化传播设施既包括电视、广播、报纸杂志等传播工具,也包括图书馆、演讲厅、思想论坛、各种沙龙、外语世界等活动场所。

我们可以看出,学校物质文化的内容非常广泛,并且各自具有不同的作用。优良的学校物质文化氛围,既是情感的升华剂,又是无形的约束力,对身在其中的大学生身心健康发展产生着巨大的影响。

二、高校校园物质文化的特征

合理的高校基础设施建设处处流露着学校的办学理念和文化精神,是高校物质文化的主要内容。正因为如此,各高校在基础设施建设上极力加大投入力度,精心设计,详细规划学校的各项基础设施的布局和建筑风格等,力争在实现校园基础设施建设和校园内师生精神互动的同时,给全体师生以潜移默化的文化熏陶。

(一)高校校园内建筑特征

学校建筑是进行教育活动的基本场所,也是学校基本的物质条件。根据承担的教学活动内容的不同,学校建筑分为三要件,即教学要件、生活要件、活动要件。

学校建筑中的教学要件一般有教学楼、办公楼、实验楼、图书室、微机室、语音室等。近年来,随着科技的发展、计算机功能的增多、旧专业的调整、新专业的开设以及素质教育的推进,教学场所有所增加,尤其是实验楼、微机室等的建设,可以说成了很多高校建设的当务之急。

学校建筑中的生活要件一般有宿舍、食堂、洗衣房、医院、百货店等。这些是学校教育活动重要的辅助和保障条件,其中学生公寓标准化建设体现了对学生生活的高度关注,营造温馨和谐的宿舍文化是校园文化建设十分重要的组成部分。让同学在"家"的环境里,学会协作、思考和创新,通过不同的侧面展现他们在日常生活、学习、卫生等方面的良好表现,倡导构建和谐进取的宿舍环境,提高了整个公寓的文学水平。积极向上、文明和谐的宿舍文化正潜移默化地对高校学生的素质养成产生着重要影响。

学校建筑中的活动要件一般有体育场馆、报告厅、影剧院、歌舞厅、广播电视站、花草道路、亭榭园林、山水风景等。这是让师生心情愉悦、陶冶性灵、修养品格、提高教学效率的重要条件。活动要件的教育功效具有潜隐性,不像教学要件和生活要件那样立竿见影。

随着教育大众化时代的到来,教育规模急剧扩大,但办学经费紧张、土地资源有限制约了校区扩张,所以大部分校区学校建筑中的教学、生活、活动场所普遍紧张。但是对于学校建筑来说,不仅需要足够的空间,而且建筑风格要有审美特性,如有些学校新建校区占地很大,但是疏于规划,建筑布局缺乏创意,缺乏审美意蕴,毫无情趣可言,这样的学校建筑就不能很好地承担起校园文化建设的重任,对学生个性及综合素质的培养也就无从谈起了。

(二)高校校园教学设施特征

图书资料收藏是高校教育设备的首要条件。购藏图书资料,数量要达到一定规模,保证师生阅读和检索的需要,图书资料的质量和规模是一所学校文化底蕴的一种体现形式。这是高校校园文化建设过程中值得高度关注的问题之一。针对合理建构高校学生知识文化体系的教育职能和未来社会所需要人才的素质要求,图书资料建设一定要紧紧围绕优化高校学生知识结构这一育人目标,既要包括自然科学类、人文社科类、综合学科类图书等全面类型,主要在突出学术性的同时兼顾通俗性、应用性置办图书资料,还要注意反映最新成果,保障教师的教学科研最接近理论前沿,让学生的学习和成长与时代同步。另外,通过中外文光盘检索系统和包括全文数据库在内的中外文检索系统的电子期刊数据库,宽带光缆接入大型数字图书馆,可大大增加检索图书资源量。

高校校园设施中的教学、实验仪器和办公设备也是不可不提的一个重要方面。加强学生的动手能力,强化学生职业素质,培养素质型人才,必要的实验仪器尤显重要。如果学校实验仪器陈旧、落后,那么就无法满足加强素质教育的校园文化建设的要求。随着高科技和电子时代的到来,许多新的实验仪器更加精密准确,应该在教学中尽快推广使用,使学生跟上科技发展的步伐。在教学中已被广泛使用的多媒体教学设备,能够利用音像综合效果大大提高学生的学习兴趣,能够突出教学的重点,吸引学生的注意力,如多媒体教学代表着现代教育教学技术的发展方向,应继续加快普及。办公设备是指教师和管理者在进行教学、科研和管理活动中使用到的设备,诸如办公自动化设备传真机、打印机、复印机、扫描仪等,又比如会议中使用的音响、桌椅、多媒体设备等,都充分体现着便捷高效的现代化管理特色。

体育设施建设在高校校园建设中的重要地位。学校体育是教育的重要组成部分,它与德育、智育、美育共同促进学生的全面发展和健康成长,对于形成高校学生健康体育、终身体育的观念十分重要。发展教育,振兴体育,充分发挥体育在学校体育中的作用以适应社会发展和素质教育需要,关系到国家的未来,关系到我国建成体育强国这一宏伟目标的实现。体育设施建设是搞好体育教学、训练、竞赛,提高教学质量,丰富校园业余文化的前提,是搞好各项体育工作的保障条件,它是学校建设的有形部分,加强体育场馆、体育器材、设备建设,势在必行。文体设备是学校为学生在校期间提供的休闲娱乐,如文娱设施有学生广播站、电视台、宣传栏、校刊等,体育设施有田径场、球场、游泳池、体育器材等。这些设备涉及高校校园文化建设中的文艺、体育、精神等多个层面,是传播时代精神、宣传校园主流文化、宣扬学校管理理念的重要渠道。建立现代化的、完善的文体设备,对于建设积极向上、勇于拼搏、健康文明的校园文化,对于丰富全体师生的课余文化生活,有着重要意义。

(三)高校校园物质文化是校园文化的物态形式

高校物质文化是高校精神文化建设的成果和物质体现,也是高校精神文明外在表现和物质基础。高校文化一方面体现在办学理念、办学方向、意识形态上,一方面体现在学校的物质建设上。中国古代文化堪称世界一流,不仅包括儒家思想、道家思想、法家思想文化,以及文学、音乐、舞蹈等精神文化,而且包括"四大发明"、长城、故宫等物质文化。现代资本主义国家的文化不仅包括民主、自由、法制等精神文化,而且包括现代化的楼宇、交通工具、通信设备、物质文化等。

高校物质文化建设,应体现在校园建设、学科建设、教学科研设备建设、教师住房建设等方面。一个破旧脏乱的校园,陈旧落后的设备,拥挤不堪的住房,不可能去发展精神文化、制度文化。学校领导在高校建设和发展中,应高度重视物质文化建设,这是稳定教师队伍,建立良好的办学条件,确保教育质量提高的必要措施。在精神文化指导下推动物质文化建设,物质文化发展会反过来促进精神文化建设,二者是相辅相成,互为因果的。高校物质文化建设为教育发展、提高教学质量打下了坚实的基础。

现代高校校园物质文化是校园文化的物态形式,是现代高校校园制度文化、行为文化、精神文化的物质基础,也是现代高校综合实力的一个重要标志。现代高校校园物质文化所包含的三个方面,即环境文化、设施文化、治学积淀及队伍文化,都有其独特的育人意蕴。因此,一所高校要持续提高办学水平,不断增强自身的竞争力。必须加强校园物质文化建设,充分发挥其育人功能。现代科学证明,人的心理是受客观环境制约和影响的,高校校园物质文化所蕴含的价值取向总是以不同方式直接或间接地影响师生的心理倾向和心理状态。因此,我们绝不能简单地仅从有形实体的角度去理解校园物质文化,而应从育人理念的视角去发现校园物质文化的育人意蕴。

首先是高校校园环境文化的育人意蕴。高校校园环境文化作为校园物质文化的重要组成部分,它润物无声地影响着学校师生员工对生活的理念、对教育的希望和对自己存在的理解,具有潜在而深厚的育人意蕴。一是思想政治教育意蕴。高校校园内的每一处真正的物质文化均蕴含一定的道德追求、道德规范,能对师生产生巨大的道德潜化作用,提高他们的思想政治素质和艺术审美情趣。学生通过感性直觉把握校园物质文化的本质内涵,从而与校园物质文化建立一种非功利的精神呼应关系,从而得到一种精神满足和愉悦,使自身的道德素质得到提高。二是促进学生知识形成的意蕴。高校校园环境文化是一种特殊的物质文化,它积淀着一个学校乃至一个国家的历史传统、文化特点和社会流变的价值。它能够使学生通过对校园环境文化的解读,提高自己的社会智力,拓宽自己的知识面,增强适应飞速发展的社会的能力。三是审美教育意蕴。高校校园环境文化体现出一个高校的艺术创造力、不同时代的审美趣味和审美追求,给高校学生以文明审美的熏陶。四是提高学生心理素质的意蕴。轻松、愉快、欢乐的高校校园环境文化,可以激发起高校学生的情感活动,产生愉悦的情感,有助于学生身心的成长,培养学生丰富而健康的情感。

其次是高校校园设施文化的育人意蕴。在现代高校校园里,教育媒介主要是指图书馆、实验室和校园网等设施,它不仅是当前高校校园里从事高深学问的教学活动基础,也是开展科学研究工作、发展科学事业的重要条件。现代化的图书馆、实验室和校园网等,是一所现代化高校的物质基础。现代高校校园图书馆的基本功能是收集、整理、利用和保存文化。实验室或实践基地既是高等学校培养适应社会所需求的高级专门人才的重要基地,也是高等学校开展科学研究活动的重要基地。现代化的校园网,是现代高校校园物质文化设施中的重点和亮点,发挥着越来越重要的作用。它满足了教学科研和办公手段现代化的需要,更重要的是满足了师生汲取知识的需要。

最后是高校校园治学积淀及队伍文化的育人意蕴。治学严谨的育人传统、积淀深厚的高水平的课程和学科专业是高校存在发展的组织基础,是一个学校要在激烈竞争中立于不败之地必须秉承而不可忽视的重要方面。治学严谨的育人传统,是一个校园影响最大的非实体物质文化,是高校之所以"大"的重要无形物质财富。一支具有人格魅力、学术造诣、善于育人的教师队伍是育人的关键因素。教师在教育教学过程中的主导作用,表现为在传授高深学问的同时,以其人格魅力和治学态度给学生以深刻的影响。指导帮助学生把外在文化内化为自己的综合素质,使学生成为具有主体精神和创造力的人。

因此,一所高校要持续提高办学水平,在激烈竞争中立于不败之地,必须在搞好校园精神文化建设的同时,加强现代意义上的校园物质文化建设,营造一种特殊的文化氛围,充分发挥其育人意蕴。高校校园物质文化的建设,应以高校文化内涵的内容为主体,以学校性质为依托,充分利用学校场地的特质,彰显学校历史发展过程中的文化积淀,并且对其进行归纳、提炼和升华,将其融合到物质文化的各个要素中,以达到发挥物质文化育人意蕴的目的。

三、高校校园物质文化建设的意义

近些年来,各级各类学校都投入大量的人力、物力、财力,加强了校园环境的绿化美化和设施建设,校园的环境建设有了很大的改观。特别是高校的新校区建设如雨后春笋、此起彼伏,在高校扩招的同时,为适应新的人才培养目标的要求,高校的固定资产也在成倍增加。作为学校已经充分认识到了校园环境文化的创建对学生的健康成长有着其独特的潜移默化的、深刻有力的影响作用。

（一）重视校园环境文化建设是学校发展的需要

20世纪90年代以来,校园环境文化建设中出现了令人担忧的、必须引起高度重视的严峻问题。其一,校园环境文化逐渐丧失作为独立于大众流行文化的精英文化所独具的鲜明个性和特质,无可抗拒地深受社会上商品化、通俗化文化的消极影响。高雅的校园环境文化出现了表层性、世俗性倾向。其二,随着群体意识的弱化,个性意识的增强和物态文化的诱惑,出现了理想追求的淡化和价值观念的紊乱。其三,自从改革开放以来,不少青年师生的思想观念和理论兴趣屡屡发生转移。所有这些现状,都不利于学校的发展和声誉的提高。

（二）营造校园环境文化气息是学校思想教育的重要阵地

校园环境文化具有特殊而多样化的育人功能。如果说教师和学生是教育教学活动的主角,那么学校校园环境文化就好比是他们活动的舞台,缺少这个舞台,师生的活动就失去了依托,并将直接影响教育教学活动的进程和效果。

概括起来说,校园环境文化在学校思想教育中表现出以下几种功能:一是凝聚功能。学校环境文化建设的核心是树立群体的共同价值观,通过它的影响力在青年学生中形成一种无形的向心力和凝聚力,把青年学生行为系于一个共同的理想信念和价值追求之上,陶冶健康向上的审美情趣和文化品格。二是激励功能。不同的校园环境文化会将教育教学活动导向不同的境界和水平,产生不同的育人效果。良好的校园环境文化,必然会深刻地影响着师生的内心,激发师生的工作和学习热情,比起千遍万遍的说教方法,教育效果自然事半功倍。三是熏陶功能。学校按照审美的要求更加强化校园环境文化建设,这对学生的审美理想、审美趣味和审美观念的形成具有无形的熏陶、感染和潜移默化的作用。四是益智功能。校园环境文化对学生的智能发展具有促进作用。一般来说,丰富良好的环境刺激,可以促进智力发展,还能激发学生积极的情感,并以此来促进智能的提高,特别是学习兴趣的提高。以上功能的发挥表明,学校校园环境文化是学校积极开展思想教育的极好阵地,必须加强重视和强化建设。

(三)创设校园环境文化是实施素质教育的舞台

实施素质教育是一项复杂的社会系统工程,而学校是实施素质教育的主阵地。在这块主阵地中,创设校园环境文化是实施素质教育的极好舞台。学校要全面贯彻实施素质教育,除了各级各部门共同创造一个良好的社会大环境,同时也需要营造学校这个小阵地。学校在实施素质教育时,校园环境文化是不可缺少的方面。因为,校园环境文化阵地可以培养学生的合作竞争能力,可以培养学生的创造性思维和创新精神,可以培养学生的艺术才华,可以增强学生的集体主义精神,可以增强学生的实践能力,可以使学生置身于一种自我教育、自我提高的境地,可以使学生在一种愉快教育、情境教育、和谐教育中健康地成长。

总之,完善的校园设施将为师生员工开展丰富多彩的寓教于文、寓教于乐的教育活动提供重要的阵地,使师生员工教有其所、学有其所、乐有其所,在求知、求美、求乐中受到潜移默化的启迪和教育。完善的设施、合理的布局、各具特色的建筑和场所,将使人心旷神怡、赏心悦目,将有助于陶冶校园人的情操,将塑造校园人的美好心灵,将激发校园人的开拓进取精神,将约束校园人的不良风气和行为,将促进校园人的身心健康发展。这种能让大学生才华得到升华、能力得到培养、思维得到发展的校园环境文化创设实践活动,正是实施素质教育所需要的内容,高校应该也必须重视对校园物质文化这块阵地的建设。

第二节　高校校园物质文化建设原则

一、高校校园外部物质文化建设原则

学校是教育教学的主阵地,但正如打仗一样,要赢得阵地战,离不开后方的配合与支援。现代教育是社会性的教育,学校对学生的教育只是其中的一部分,校外教育环境对学生也有较大的影响,因此校外教育环境好与差就显得相当重要。

校园外部环境中的远环境在宏观上讲包括教育体制、政策指引、政府支持、卫生与安全等,具体到对学校所在城市的考察衡量,包括一所学校所在城市政治、经济、文化的背景。政治经济活动愈活跃,信息传递手段愈是先进和便捷,就愈适宜对高校生活产生更为直接和广泛的时代影响;城市所处的地域其历史文化愈久远、愈深厚,就可以为一所学校提供愈加厚重和坚固的文化根基,也就对学校的文化影响愈加深远。

高等教育事业关系到国家经济发展的百年大计,其外部物质文化建设涉及大学理念、城市规划、环境行为学、社会行为学、经济学等诸多学科。综合来说,高校校园外部物质文化的建设者应遵守以下基本原则:

(一)前瞻性原则

高等教育事业是一项功在当代、利在千秋的事业。办好一所高等学校,需要经过几代人甚至几十代人的薪火相传,它是一个特色学科不断发展,优良传统不断光大、校园文化长期积淀、物质条件不断积累的过程。因此,高校校园选址规划要有战略眼光,要着眼于五十年,上百年,甚至几百年,校园外部物质文化建设不仅要满足当代发展的需要,还要为未来发展留有余地,为学校的可持续发展创造条件,奠定好基础。

(二)科学性原则

首先,校园外部物质文化的建设要求从科学的角度来进行。校园外部要有四通八达的交通网络,还要有足够满足学生需求的活动场所,同时还要建设一些师生休闲的设施。其次,科学性还表现其经济性。高校外部物质文化建设,经济实力是基础之一,既要面向未来又要立足现实;既要着眼长远,规划建设一个科学、合理的具有生长性的校园,又要立足当前的经济承受能力。

(三)人文性原则

高校校园不是工厂和政府机关,高等学校是一个教育机构,教育是文化的社会遗传和再生机制,教育起源于文化,是一种文化现象。因此,从社会学的角度讲,高等教育应定位于文化领域,校园外部物质文化建设要追求其人文氛围。从"环境"的角度来讲,校园选址要与环境相协调。周边的自然环境和人文环境同等重要,但离开了好的周边环境,绝不会有一流的大学。例如,我国很多大学在建设初始期都将校址选在了有着深厚文化底蕴的城市。

(四)为教学和学习服务的原则

随着时代的发展,尽管高等教育从社会的边缘走向了社会的中心。但外部物质文化建设不应脱离和违背为大学师生服务这一原则。例如,作为一个高等教育机构,其办学地址虽然要保证交通方便,但又要与闹市区保持相应的距离。正如英国著名教育家阿什比所说,"大学既不能远离社会,也不能完全消融在社会之中,大学应当和外界社会保持适当的距离"。城区喧闹的噪声和浓郁的商业氛围,对师生治学会产生一些负面影响。在郊区办学,能创造一个安静的办学环境,使师生免受干扰,远离浮躁的社会,有利于师生深居简出,潜心钻研学问。

二、高校校园内部物质文化建设原则

随着经济和社会的发展,我国高等教育事业步入一个新阶段,高校校园建设也相应进入了一个加速发展的时期。新的设计和规划理念为校园带来了新的变化,对校园外部空间环境也产生了深刻的影响。与此同时,对校园外部空间环境与使用者行为之间关系研究不足,以及设计建设周期过短等因素对当代新建高校校园的外部空间环境品质提升产生了负面影响。高校校园外部空间环境不但承担着使用者的各类日常行为功能,也对学生的学习、成长起着非常重要的作用。

学校建筑负有教育的使命,它可以有多种艺术形式,象征某种精神和思想,在一定程度上可以陶冶身心,涵养性格。学校建筑的主要目的就是要使得思想的交流成为可能,使得人与人之间的交流以及建筑与人之间的交流成为可能。校园建筑可以依据人们存在的活动模式,将相关的人群安排在

适当的地方,从而达成不同学科之间和人员之间的交流。同时,当人们在校园中行进时,校园建筑还可以促进人与人进行信息的交流,如河北师范高校的庭院所展现的那样:参差交错的林荫,纵横交错的小路,当学生穿行,在享受乐趣的同时,也实现了信息的共享。

在加强高校校园内物质文化建设中,必须遵循如下几个原则:

科学合理原则。一所高校的建设和发展必须有规划,高校校园的物质文化建设规划是高校建设发展总体规划的重要组成部分。高校校园物质文化建设必须根据高校的类别、环境、财力等不同情况,制订具有学校特色、专业个性而又切实可行的规划。这是校园物质文化建设取得成功的关键。高校校园物质文化建设应充分体现规划的先导性、延续性、合理性和科学性,通过规划设计使校园的功能分区、单体造型、群体组合和立体绿化实现专业化、现代化和配套化。使思想教育和文化教育寓于校园物质文化建设中,从而展现校园特有的审美情趣及其深厚的文化育人底蕴。

人文关怀原则。高校校园是育人的场所,以人为本,加强人文关怀,不仅要体现在教育教学的各个环节中,也应该体现在环境设施上。高校校园不是一个纯粹的物质空间,更多的是高度人性化的环境空间,是高校中的人根据办学理念和价值追求。按照美的规律,创造出来的自然美与思想美和谐融合的"第二自然",承载了丰富的人文因素、文化色彩和校园精神。高校校园建筑不是木材、钢铁和水泥的简单堆积。而是由新材料、新能源和信息技术支撑起来的"智能大厦",体现着高校人继承传统文化、追求现代文化的内涵和特色,甚至高校校园里的每一根雕栏、画柱也都可以作为文化符号,物化人的价值精神,体现人性化特点和教化育人的功能。因此,在高校校园物质文化建设中,要力求做到人格化,使学校充满育人的文化底蕴。

实用有效原则。高校校园物质文化物质种类繁杂,不同类型的校园物质文化,具有不同的物质属性和用途。阅览室可用于读书,双杠可用于锻炼身体,等等。但高校校园物质文化建设必须从人本出发,考虑到育人的需要与功效。任何高校校园物质文化都是因育人需要而存在的。即使是壁画雕塑、建筑小品、音乐广场、小桥流水、绿树鲜花等校园物质文化,其作用也不仅仅是求得赏心悦目,而是要通过这些艺术与自然景观对校园建筑的点缀,营造出一个轻快活泼、优雅宁静的时空环境,从而为师生创造良好的教育条件,消除师生学习、工作的压力和身心的疲劳,使他们达到身心与学习、工作同步健康发展的和谐统一。

凸显特色原则。不同高校校园的物质文化虽有其共性,但更重要的是,高校校园物质文化必须凸显其个性特征,才能枝繁叶茂,更好地展现其育人意蕴。实际上,每个高校校园都存在已经形成或者已经被人接受的物质文化特色。一个高校教学科研的发展方向和水平,特别是根据自身特点确立的独特的精神追求,都会在校园物质层面的文化载体上留下浓重的痕迹,从而对学生起到警策、呼唤、激励等作用,并进一步促使学生焕发出奋发进取的勃勃生机。这也是每所高校都力求通过校园物质文化塑造校规、形成自己校园风格的动力和目的之所在。

总之,高校校园物质文化具有深厚的育人意蕴,我们必须加强高校校园物质文化建设。通过高校校园物质文化建设,达到培育出既符合社会发展需要,又有特色和良好个性的高层次人才的目的,达到高校校园物质文化建设与育人意蕴的和谐统一,使高校校园物质文化建设能更好地为培养中国特色社会主义现代化建设者和接班人服务。

第三节　高校校园景观建设

一、高校校园景观文化的内涵

校园景观作为学校的一个重要组成部分,每一个景观元素,以及各景观元素之间的关系,都反映出高校的教育理念、办学宗旨、精神价值和审美意识等。校园景观是校园文化的物质载体,校园景观所提供的信息、理念和环境构架体现出了多种文化知识的交织相融。

校园景观主要包括校园所处的自然环境、规划布局以及校园建筑、内外陈设、雕塑、绿化等。我们可以把校园景观分为校园自然景观和校园文化景观。校园自然景观是指校园内自然风光、地形地貌;校园文化景观是指为弘扬校园精神、校园文化、校园风气等在校园自然景观之上叠加人类活动而形成的景观。校园景观的独特之处就在于校园是专门的育人场所,育人的意向性要求景观本身包含丰富的教育意义与教育价值。

在不同的历史时期和社会阶段,高校景观文化建设受以下三方面影响:

(一)受自然环境因素影响

对校园环境而言,除了学术性是各个校园的共同点,各大学都十分注重形成自己的校园特色。在制约校园景观特色的诸多因素中,最重要的就是如何充分利用当地独有的自然条件,创造适宜的校园环境。

自然界中包含的四种基本物质:木、水、岩石和土壤,它们在一起能够形成丰富多彩、变化万千的合成物。这些合成物体的种类是如此之多,以至难以用言语来形容。对景观设计师来说,复杂的自然条件是设计根基,无论做何种设计都必须考虑建筑及其环境、地形、方位、道路和植物之间的关系;

同时还必须注意气候强加给环境的诸多影响,以及土地、植被、水和建筑材料等彼此间的联系,只有这样才能创造一个自然与人共相协调的校园环境景观。

(二)受人文因素影响

校园环境景观设计的根本目的是为人而用、为师生服务。这里的人文因素包括两个方面,一方面是校园环境景观的设计者,另一方面是校园环境景观的使用者。人文因素可以说是对校园空间环境的塑造影响最大的方面。

大学是知识与文化传播的殿堂,文化背景对校园环境景观的影响是深远而又含蓄的,不同的文化背景总会在世界各高校校园的环境景观形态上留有痕迹。从中国古代传统的"礼制"到近代美国对"自由、民主"的崇尚,从中华人民共和国成立初期的"高、大、全"到当代的"开放、效率、集约",在不同文化背景下形成的种种观念成为定位校园环境景观形态的参照,也为高校校园的景观设计定下了基调。

(三)受社会因素影响

随着学校的自主权日益增大,校园规划设计具有更大的弹性。在校园环境景观设计中,既要充分考虑用地性质和景观结构变化,又要具备灵活性和可持续发展性。

二、高校校园景观文化的作用

良好的校园景观和校园文化共同发挥着指导引领、熏陶塑造、凝聚整合等方面作用,促使未来的栋梁之材,启迪智慧,陶冶情操,娱乐精神,净化心灵,养成良好的行为习惯,形成正确的世界观、人生观、价值观。

（一）指导引领作用

校园景观潜移默化地影响学生的心理、道德情操、审美感受力、审美鉴赏力和精神创造力。校园建筑的布局、造型、风格,以及校园环境的美化、绿化在不忽视其实用功能的同时以可感的宜人形式给学生以直观的美感,发挥其愉悦身心、陶冶情操、净化心灵、激励向上的作用。而校园文化蕴含着教育目的,也对学生起着直接或潜移默化的教育导向作用,它深刻地影响着每个学生的发展方向,特别是影响着学生的价值取向、思想品德、行为规范和生活方式的选择,具有滴水穿石的作用。

（二）熏陶塑造作用

校园景观作为师生员工长期生活于其中的、可知可感的、具体生动的一种微观社会环境,滋润其心田,浇铸其灵魂。同样大学生置身于校园文化环境中,时时处处受到特殊情境的熏陶,受到直接的思想道德教育,受到文化艺术的熏陶和感染,受到风气风尚的感染,受到先进典范的鼓舞,从而使他们启迪智慧,陶冶情操,净化心灵。

（三）凝聚整合作用

校园精神是校园文化的灵魂和核心,是一种师生员工所认同的价值观念和强大的精神力量,具有一种无形的、不可低估的凝聚力和向心力。它主导着校园文化的发展方向,规定着校园文化的本质。校园精神一旦形成,就能强化师生员工的校园归属感、责任感和荣誉感,把师生员工紧密联结起来,凝成一股难以替代的巨大力量。校园景观使师生产生一种凝聚力及向心力,对学校产生归属感和认同感,以学校的生存和发展为己任,将自我的发展与学校的发展联系在一起,将学校视为自己的家园。优美的校园文化环境使人身居校园必处处感到集体的温暖,同学之间团结友爱,互相鼓励,互相关心。在师生之间,同学尊敬师长,老师热爱学生,这种氛围使人感到心情舒畅,产生一种令人振奋、催人奋进的力量,从而增强人心的凝聚力。

（四）调适激励作用

造型优美的建筑物、协调的装饰,与绿树、鲜花、丛林、共同营造出的校园景观,折射出学校的历史、传统和现代身姿,反映校园的独特风貌,不仅给师生员工带来了舒适愉悦的学习、工作和生活环境,又能使师生在紧张的工作、学习中调节情趣,消除内心抑郁和身体疲劳,保持高昂的情绪和奋进精神。富有知识性、趣味性的文化活动,有利于改变校园文化生活枯燥无味的状态,调节师生的紧张情绪,消除精神疲劳和陶冶心性,从而进一步提高师生工作学习的主动性、积极性和创造性。

（五）传播辐射作用

校园景观塑造着学校的形象,它深刻地反映出学校自身的特点及内涵。对社会公众、对本地区以及更大范围产生一定影响,在提高学校知名度的同时,构成社会文化的一部分。大学是学术思想的重镇,也是社会良知与理性的凝聚场所。学校吸收整个社会的精华,同时提炼和凝结出新的精华,再去影响社会。高校校园文化中的思想观念和行为方式,终将为社会文化所吸收和融合,起到推动社会文化发展的巨大作用。因此,存在于高校的文化环境和精神氛围,不仅对内有强烈的感染力,而且对社会文化也产生辐射作用。综观历史,每一个历史时期,产于校园的文化都无一例外地辐射到社会上去,影响到人们的社会生活。

（六）继往开来作用

校园景观文化内涵丰富,记载着历史,同时又反映着今天现代风貌与创新成果,为创造更加辉煌的明天奠基。校园景观的设置与解读使广大师生在认识自己与环境的过程中改变着自己的世界观、人生观等观念。广大师生已经不仅仅限于感受身边的人文景观,而且开始以自己的角度审视身边的环境,在探寻其中故事和历史之后对它们又有了新的认识,并且更加热爱学校,热爱生活,以高度的责任感和使命感在奋发读书,以求报效社会、报效国家。

三、高校校园景观建设的原则

现代校园进行生态文明建设是尊重自然、追求和谐的观念在校园文化建设中的重要体现,它重视以人为本、人与自然和谐共生的高层次校园文化的建设方向,从而在构建充满生机的景观文化,充分发挥校园景观环境的育人功能等方面具有重要性。具体在高校校园景观设计中,设计者应遵循以下基本原则:

(一)以人为本的原则

校园是教师和学生活动的场所,他们需要学校有适宜的环境,校园景观设计应当以他们为中心,以满足师生必要的生活、运动、游憩等人本主义的基本需要。校园环境景观形态设计失败的案例,多半是设计脱离师生作为环境主人的行为感受与需求,设计者脱离实际,决策者标新立异而把师生的生活需求放在一边,走上了以我为本的歧途。例如:开阔雄伟的草坪广场,忽视了环境的生态规律和师生的共同需求;照搬照抄欧洲古典建筑形式,校园空无一树或绿化不佳等。如此这般,离开了以人为本的原则,也就丧失了校园环境景观形态多样化和系统化,使校园缺乏实用价值。现代景观规划理论强调规划的基点是以人为本,在更高层次上能主动地协调人与环境的关系和不同土地利用之间的关系。校园的景观设计是以人的需求为基础的,因此高校校园景观规划应本着以人为本,即在尊重自然的前提下,考虑人的尺度和心理要求,将人的活动性和舒适性作为景观规划的出发点,强调景观的宜人性,包含景观通达性、建筑与人的亲和性、生态系统稳定性、环境清洁度、空间舒适度、景色优美度等内容。

（二）可持续发展的原则

高校校园景观规划要体现可持续发展的原则,要从长远发展考虑。景观设计要与学校自身的发展目标和定位相结合,必须要有符合自身风格特色的高校校园环境,规划和设计要能够经得起时间的考验。具体表现大致分为:

第一,结构性协调:环境系统内各要素之间的内在联系应具有较严密的组织构成,合理的比例关系和较高的有序性。第二,功能协调:环境系统内各要素需相互配合与互动。第三,区域性协调:任何封闭环境不可能单独达到理想目标,必然与周边地区协同发展,互惠互利。第四,时段持续:环境发展具有阶段性,不同时期有着不同的目标形态,但须前后持续、着眼未来,构成良性递进。无论是校园整体景观还是局部景观,风格的选择是设计的一个决定因素。校园整体形象一旦定位不要轻易变动,其各个时期的建设应在创新的同时保持与其协调一致,延续其原有的文化氛围和文化脉络,使整个校园风格一致。教育是百年大计,纵观世界名校无不具有光荣的历史。因此,还要留有发展余地,规划出科学合理、扩展方便的弹性生长型校园结构。应解决好各区域环境中的建筑物、道路、公共空间、景观绿化等主要环境要素之间的有机联系、空间关系以及区域环境与校园整体环境之间的协调关系。有效避免因盲目改造、设计失误、工程质量低劣而造成的不良后果,使校园环境建设形成整治见效果、投入有回报的良性循环。

（三）生态性和因地制宜的原则

校园环境建设必然受到各种主客观因素的制约,因此要最大限度地利用有限的资金改造环境,因地制宜地对校园环境进行合理的改造、调整和美化,在环境设计上摒弃粗放型的设计观念,从保护原有生态环境做起,使人工生态系统与自然生态系统协调发展,在尽可能不干扰环境的情况下解决功能和美学问题,强调自然保护和生态平衡。对于学校来说,必须从大环境着眼,从小环境入手,尽可能利用那些天然的地形和植被,为生态环境的合理化创造条件,应避免为追求气派而过分强调草坪的作用,忽视乔、灌、草、地被植物群落式立体配置的重要性。也就是说校园环境景观形态设计既要达到生存目的,又要取得发展的成功,设计手段应是花最少的力气去适应生态环境。

综上所述,学校环境景观应该和学校的其他要素较好地配合连贯、一致协同。在进行校园规划、绿化、建筑设计以及人文景观的建设时,要体现人才培养的目标,并把这种人文主义目标变成校园教育环境的规划图,把人的发展目标隐含在设计之中。要赋予物质设施以文化内涵,使之具有较为深厚的文化底蕴,成为校园文化的有机组成部分和师生员工爱校情结的载体。

四、高校校园植物景观建设的原则和方法

植物景观文化作为校园景观文化中重要的表现形式受到广泛重视。种植文化是融合种植与养殖为一体的人类对自然环境的人文化改造。我们这里只从其浅层意义讲其中的一个层面———绿化。绿化也远不是简单意义上的增加绿地面积。创造性地使用和开发绿化手段,在景观文化建设中仍然大有可为。园林绿化观赏效果和艺术水平的高低,在很大程度上取决于园林植物的选择和配置。如果不注意花色、花期、花叶、树型的搭配,随便栽

上几株,就会显得杂乱无章,景观大为逊色。另一方面,园林花卉植物花色丰富,有的花卉品种在一年中仅一次特别有观赏价值,或者开花期,或者结果期;还有的种类一年中产生多次观赏效果。因此,应从不同园林植物特有的观赏性考虑园林植物配置,以便创造优美、长效的花卉风景。

(一)可利用植物的不同色彩分层效果

分层配置、色彩搭配是拼花艺术的重要方式。不同的叶色、花色,不同高度的植物搭配,使色彩和层次更加丰富,如 1 米高的黄杨球、3 米高的红叶李、5 米高的桧柏和 10 米高的枫树进行配置,由低到高,四层排列,构成绿、红、黄等多层树丛。不同花期的种类分层配置,可使观赏期延长。创造绿化层次建设可以充分利用乔木、灌木,校园中亭台楼阁的错落与间隔,可营造出绿化视觉的高低错落、疏密有间的审美效果。

在建设植物景观时,为避免单调、造作和雷同,可形成春季繁花似锦、夏季绿树成荫、秋季叶色多变、冬季银装素裹的近似自然的风光,使学生感受到大自然的生机。

(二)注意植物本身造价问题

应注意节约并合理使用名贵树种。有的园林滥用名贵树种,这样做只会增加造价,造成浪费。其实很多常见的树种如桑、朴、槐等,只要安排、管理得好,可以构成很美的景色。当然,在重要风景点或建筑物迎面处,仍需将名贵树种酌量搭配,重点使用,多用乡土树种。各地乡土树种适应本地环境的能力最强,而且种苗易得,又可突出本地园林的地方色彩,因此须多加应用。当然,外地的优良树种在经过引种驯化成功后,也可与乡土树种配合应用。

注意植物与校园其他建筑的搭配效果。园林建筑的颜色、形体都是固定的,如果没有植物的配合,也会显得枯燥乏味,缺少生动活泼,具有季节、气候变化的艺术感染力。树木与建筑配置时,要根据建筑的结构、形式、体量、性质来选择树种。大型建筑因其庄严、视野宽阔,故应选择枝干高、树冠大的树木;小型建筑,因其精美、小巧玲珑,故应选用一些多姿、芳香、颜色艳丽的树木来配置。植物装饰建筑墙面,多数是西边。用爬山虎绿化,一是美观,二是降温效果明显,夏季凉爽。

(三)利用多种植物本身构成独立空间效果

从构成的角度而言,植物是一种设计因素或一种室外环境的空间围合物。在地平面上,以不同高度和不同种类的地被植物或矮灌木来暗示空间的边界。在垂直面上,植物能通过树干和叶丛两种方式,通过暗示的方式,而不是以实体限制空间。其空间的封闭程度随树干的大小、疏密以及种植形式而不同。叶丛的疏密度和分枝的高度影响着空间的闭合感,阔叶或针叶越浓密、体积越大,其围合感越强烈。植物同样能限制、改变一个空间的顶平面。植物的枝叶犹如室外空间的顶棚,限制了伸向天空的视线,并影响垂直面上的尺度。当树木的树冠相互交冠、遮蔽了阳光时,其顶平面的封闭感最强烈。空间的三个构成面(地平面、垂直面、顶平面)在室外环境中,以各种变化方式互相组合,形成各种不同的空间形式。但不论在何种情况下,空间的封闭度随着围合植物的高矮大小、株距、密度以及观赏者与周围植物的相互位置而变化。利用植物构成的一些基本空间类型有:开敞空间、半开敞空间、顶平面空间、完全封闭空间和垂直空间。开敞空间:仅用低矮灌木及地被植物作为空间的限制因素。这种空间四周开敞、外向、无隐蔽性,并完全暴露在天空和阳光之下。半开敞空间:这种空间的一面或多面部分受到较高植物的封闭,限制了视线的穿透,开敞度相对较小。这种空间通常适于用在一面需要隐秘性,而另一侧又需要景观的居民住宅环境中。顶平面空间:利用具有浓密树冠的遮阴树,构成一个顶部覆盖而四周开敞的空间。一般来说,该空间为夹在树冠和地面之间的宽阔空间,人们能穿行或站立于树干之中。完全封闭空间:这种空间的四周均被中小型植物所封闭,其相当黑暗,无方向性,具有极强的隐秘性和隔离感。垂直空间:运用高而细的植物能构成一个方向直立、朝天开敞的室外空间。这种空间尽可能用圆锥形或纺锤形植物,越高则空间感越大,而树冠则越来越小。

第四节　高校的图书馆建设

一、高校图书馆文化建设的内涵

作为置身于社会文化的大背景中的一种具有自身特色的亚文化形态,图书馆文化是指图书馆在其存在和发展过程中,由广大馆员和读者共同创造、认同,并自觉效仿和奉行的各种文化形态的总和。

从大学图书馆的宗旨出发,高校图书馆文化应具备以下四个层面。精神文化:图书馆精神文化是指图书馆馆员在长期的工作实践中所形成的一种相对稳定的思想行为风尚,包括馆员的政治态度、精神面貌、思想情操和职业道德等各种群体意识和群体精神。具体体现为勇于牺牲自我的红烛精神;读者至上、真诚服务的奉献精神;高尚职业情操的敬业精神;以馆为家的集体主义精神;言传身教、为人师表的自我塑造精神;刻苦钻研、顽强工作的积极进取精神。环境文化:图书馆环境文化是指通过图书馆建设、设施、布局、美化、厅堂装饰等各种物化形态所体现的环境氛围。活动文化:图书馆活动文化是指图书馆通过有目的、有规律、有特色的组织开展宣传、教育、学术研究和娱乐等活动所体现的文化风韵。制度文化：图书馆的制度文化是指图书馆的馆纪、馆规、日常行为规范、部门岗位职责、业务工作细则、奖惩制度等各项管理制度。科学合理的图书馆制度文化为鉴定馆员和读者的品质、人格和行为等提供了内在尺度，它能使馆员与读者在制度的约束下养成良好的行为习惯。

上述四方面，精神文化是灵魂与核心，环境文化是载体与基础，制度文化是条件与保障，活动文化是过程与推动，四者在交融互动中共同促使高校图书馆文化形成丰富的内涵和特有的风采。

二、高校图书馆在高校校园文化建设中的作用

高校图书馆由于其性质、特点和功能，决定了它在高校校园文化建设中充当着特殊的角色，占有独特的地位，具有重要的作用。馆藏资源在高校校园文化建设中的支撑作用：图书馆文献资源是图书馆的基本构成要素，能全面地支持和服务于高校校园文化。因此，文献资源直接影响着高校校园文化的有效展开，影响着高校校园文化的整体发展态势和水平。图书馆要以自身的任务和读者需求为依据，有层次、有重点地组织文献资源。与此同时，利用现代化设备，开发外部资源，为学生提供一个信息量大、开放式的学习环境，在更有效地利用已有文献信息资源的同时，让新开发的信息资源尽快上网，尽力创造条件提供高质量的信息资源服务，更好地满足读者需求。

（一）图书馆自然环境在高校校园文化建设中的熏陶作用

图书馆一直被认为是大学水平的重要象征，代表大学的形象，很多大学图书馆都建在校园的中心，建筑典雅，气魄宏大，作为校园的重要地标，成为校园里一道亮丽的风景。图书馆正是通过优雅的自然环境、富有艺术感染力的现代化馆舍建筑、先进的设备、丰富的馆藏文献、科学的管理、完善的规章制度和优良的服务等来营造和谐的文化氛围,吸引更多的师生走进图书馆。在知识的海洋中遨游,汲取知识,净化心灵,在感受美、欣赏美的同时创造美。

(二)图书馆制度建设、管理方式在高校校园文化建设中的规范与影响作用

完善、合理、规范的图书馆制度是学校办学理念的体现。图书馆要根据各个岗位的服务性质、目标,根据图书馆馆藏文献、馆藏规模、设施设备等技术条件和服务环境的不同特点,制定相应的规章制度和管理方法,并使其符合图书馆开放性、时效性、共享性信息服务的要求。图书馆制度文化在充分展示一所大学办学理念要求,紧密为学校服务的同时,还应该展示尊重知识、尊重科学的精神,表现思想学术开放的态度等图书馆的价值观念。

高校图书馆要尽可能地改进服务,提供更好的物质条件,创造浓郁的文化氛围,最大限度地满足学生的需要。其安静的环境、良好的秩序,对于培养大学生良好的公共道德,建立人与人之间互相尊重、互相理解的良好关系都将起到很好的作用。图书馆可通过张贴提示性的标志,建立文明高雅的学习环境,使学生养成良好的行为习惯,从而对培养大学生良好的公共道德起到积极的影响作用。同时,图书馆馆员应以丰富的知识、高雅的气质、良好的职业道德赢得学生的理解和尊重,形成良好的育人环境,从而对大学生树立积极的人生观、奉献社会的人生理想,养成良好的公共道德起到积极的作用。

(三)巩固主阵地,以高品位的文化陶冶人

图书馆优雅的建筑、丰富的影音资料、现代化的服务设施及教学科研需要的系统化的学科文献,既为校园物质文化建设提供了基本的物质条件,又使图书馆成为与教学实验设施并列的校园物质文化建设主体,成为育人的主要场所。图书馆自身拥有的资源、设备,使图书馆不仅成为知识营养的提供者,而且要担当起大学生提高艺术修养、审美情操的文化中心的角色。图书馆以其高品位的文化氛围陶冶人。比如:举办适当的学术讲座;组织对优秀影视作品的欣赏;进行有艺术品位的图书馆环境布置,这些都可以对学生起到艺术教育、美的熏陶的作用。

高校图书馆馆员不仅是文化知识的传递者,也是大学生思想道德的培育者。目前各高校图书馆注重引进人才,加强在职人员的学习和培训,使图书馆馆员的专业水平得到不断提高。图书馆馆员可以通过学术研究、文化交流等方式积极参与校园文化建设。图书馆馆员在为读者服务的过程中,有很多专业上的问题需要进行有益的探讨和研究,同时,图书馆馆员在文献资源的了解和掌握、文献检索方式的熟练等方面具有优势,他们在为读者服务的同时,也可以进行一些深入的研究,产生一些副产品。提升图书馆馆员的学术研究能力不仅可以活跃校园学术,而且可以提高图书馆的学术水平和学术地位,增强图书馆馆员在校园文化建设中的自尊和自信,已成为校园文化中的一个亮点。

大学是各种不同学术观点交汇、融合、撞击的地带,处于各种文化思潮交汇的前沿阵地。因此,图书馆要在加强学术动态研究,时刻关注社会政治动态,把握师生思想波动的轨迹,坚持社会主义意识形态的主导地位,对事关政治方向、重大原则的问题,要向广大师生提供保持学术研究正确方向的服务信息,帮助青年大学生提高辨别是非的能力,以防止和避免学术研究偏离正确的轨道,努力在高校校园内形成既有学术自由,又能健康发展的良好局面,保证学生的健康成长和校园文化的健康培育。

　　图书馆应经常举办文化展示活动,加强爱国主义教育,比如以重大历史事件或重要纪念日为契机,以党史、革命史等藏书为主体,配合图片等有关资料,举办专题展览;将政治性、艺术性很强的新华社出版的新闻图片经常展示在馆内厅堂走廊等处,让学生及时了解国内外大事,开阔视野,激发民族自豪感。图书馆还可以利用音像资料进行审美教育,图书馆可利用多媒体设备和音像资料,组织学生欣赏古今中外艺术经典作品,开设音乐、美术影视等艺术讲座,让学生在图文并茂、声情并举的视听欣赏中接受艺术美的熏陶。图书馆还应利用丰富的馆藏资源,开展多种形式的导读服务,可利用校报、宣传栏等园地将教育意义深远、内容健康的社科读物推荐给读者,比如引导学生阅读革命领袖的著作、名人传记和中外名著,阅读我国优秀的传统文化典籍,转移他们对通俗、言情小说的偏爱。

三、数字图书馆的建设

　　数字图书馆是一个发展中的概念,其内涵和外延也在不断地丰富和发展。从比较流行的观点来看,数字图书馆的概念可有狭义和广义之分:狭义的数字图书馆是指对传统的图书馆的数字化;广义的数字图书馆内涵较丰富,包括数字化平台、数字教育平台、数字新闻平台、数字情报平台、数字娱乐平台和数字商务平台等。可见,广义的数字图书馆的内涵更为丰富和多样,更符合现当代意义上的数字图书馆的内涵与意义。

　　数字图书馆通过计算机网络,把大量分布在一个地域或一个国家的众多图书馆或信息资源单位组成联合体,把不同地理位置上及不同类型的信息按统一标准加以有效存储、管理并通过易于使用的方式提供给读者,超越空间和时间的约束,使读者在任何时候、任何地方都可以在网上远程跨库获取任何所需的信息资源,达到高度的资源共享。

数字图书馆是面向对象的数字化多媒体信息库。数字图书馆的存储介质已不限于印刷体,它具有文本、声、光、图像、影视等多种媒体,其存储的载体也相应地有光盘、录音带以及各种类型的数字化、电子化装置,它通过多媒体、超文本、超媒体等技术,提供智能化的信息检索手段,向读者展示各种生动、具体、形象、逼真的信息。数字图书馆是与平台无关的数字化资源集合。数字图书馆可实现异种数据库之间、服务之间、工作站之间的可互操作性,并正在探索深层语义上的可互操作性。它采用一种联合式或协调性软件,从类型相似的数据对象和服务中,取得一致性和连贯性检索内容。目前在网上查资料,需逐个站点查询,实现数字图书馆以后,读者只要提供某个检索点,计算机就会按统一的用户界面提供所需的全部资料。数字图书馆具有强大的信息传播与发布功能。数字图书馆的服务方式与传统图书馆有着重大的差别,它变传统图书馆的被动式服务为主动服务。它可以通过网络随时发布和传播各种文献资源的信息,对读者进行"引导"或"导航",向读者提供多种语言兼容的多媒体远程数字信息服务。

(一)数字图书馆的特征

数字图书馆与传统图书馆在基本的文献存储和信息传递上所起的作用是相同的。从本质上讲,都是信息的有序化与增值传递,但在处理对象、工作程序、表现形态等方面却有极大的差异。数字图书馆建设使传统图书馆迈入了一个崭新的天地,数字图书馆及其组成部分虽然仍称为图书馆,但其与传统图书馆相比,有其独有的特征,即物理空间实体不再是特定标志。

数字图书馆是在科技知识呈几何级数增长的学习化社会背景下发展起来的。数字图书馆的服务内容和结构多元化形成的"即时生产"型的服务体系,使人们可以根据工作、生活、休闲等需要,在可能的场合随时随地自主进行学习,随时获取知识、提高能力;读者成了图书馆服务过程中的认知主体,图书馆馆员与读者在时空上处于准分离状态,读者的学习可以是灵活、多样、开放的。

从不同角度来看,数字图书馆具有不同特点:第一,从对象来看,数字图书馆的对象可以是社会全体成员。数字图书馆对读者没有限制条件,为人们提供了多种可供选择的学习方式和内容,特别是给那些没有机会到图书馆读书的人们提供了良好的学习条件。第二,从图书馆公共与否来看,数字图书馆可以是公共图书馆,也可以是非公共图书馆。为了满足社会和个人发展需求,数字图书馆的体制、办馆形式、服务设置必然朝着多层次、多形式、多规格方向发展。第三,从图书馆的场地来看,只要具备上网的地方,就可以通过网络进行自主学习,突破了传统的图书馆和阅览室的限制。人们可以是在图书馆内学习,可以在图书馆外学习,在工作场所学习,也可以在家庭学习。网络技术的广泛应用,为进一步拓宽图书馆服务范围提供了条件。第四,从接受图书馆服务的目的来看,可以是教学和科研的需要,可以是学历教育的需要,也可以是非学历教育的需要,比如符合个人兴趣爱好的各种报告会、讲演、讲习班、研讨班、培训班等。

从图书馆功能来看,数字图书馆具有以下特点:第一,虚拟性。各种载体的数字化转换与藏取,虚拟性成为数字图书馆的最大特点。各种文献载体将被数字化,包括各种印刷型文本(古籍、善本)、地图、缩微资料、视听资料和动画片、电影片等。在数字图书馆中,将以多媒体数据为主。第二,重复性。数字图书馆的储存功能使图书馆资源重复使用不会被消耗,并无磨损,使数字图书馆资源成为一种取之不尽的资源,能够保存和积累。同时数字图书馆资源使用者又成为数字图书馆资源提供者。数字图书馆储存着丰富优质的资源,为人们长时间反复使用信息资源提供了可能性。分布式管理是数字图书馆发展的高级阶段,它意味着全球数字图书馆遵循统一的访问协议之后,数字图书馆可以实现"联机检索"。全球数字图书馆将像现在的 internet 连接网站一样,把全球的数字化资源联为一体,成为一个巨大的图书馆。通过有效的文本数据库查询技术和多媒体资料的查询技术,直接对图像、声音建立索引,可以按照颜色、形状、纹理在图像中的位置对图像进行查找。第三,替代性。数字图书馆可以代替人进行图书馆服务,即人—机图书馆服务;可以代替或演示事物的反应与发展过程,使服务内容更生动、直观、形象、具体。数字化图书馆大多采用客户机 / 服务器的模式,客户、图书馆服务器和对象服务器构成信息传递的核心结构。图书馆服务器主要管理数据的目录、索引和查询,而对象服务器用于管理数字化的对象(各种类型载体的原文献)。海量数据的存储和管理显示了数字图书馆的规模与能力。第四,隐蔽性。多媒体网络为数字化图书馆提供了一个资料的传输环境。可以说,宽带综合业务数字网将成为多媒体通信的基本传输网络。数字图书馆通过现代网络信息技术提供给读者的是虚拟化的空间。网络的隐蔽性使人们处于时空的隔离。只要有网络设施,人们就可以在任何地点、任何时间通过网络浏览数字图书馆看自己想看的东西,且很难被人察觉,这有利于保护个人隐私,也有利于个体的发展。第五,开放性。开放性是指数字图书馆向任何人在任何地点、任何时候,以任何内容、任何方式提供学习机会。数字图书馆具有一般计算机网络系统的管理功能,要重视各种类型用户的权限管理,更重要的是用适当的技术确保版权人的资源不被滥用。开放性带来读者使用数字图书馆的自由性、灵活性、针对性和适应性;开放性也带来了人们思想价值观念的开放,使人们的视野更为开阔,思维方式更具全局性和整体性。第六,平等性。数字图书馆的隐蔽性使人的身份隐蔽,人面对数字图书馆都是平等的。不论读者是教授还是中小学生,使用权都是一样的。数字图书馆使以往的图书馆服务模式发生了深刻的、根本的变化,世界性的图书馆服务已成为一种现实,图书馆服务也由单向性向交互式转变。

数字图书馆海量存储和媒体多样化。图书馆的基础是书刊文献信息资源,而数字图书馆的基础是数字信息资源。由于社会的进步促使信息产量飞速增长,网络的普及和电子出版物,以及科技新型手段使得信息的发布和使用更便利。这样的形式对图书馆来说信息的收集量、处理量和储存量也相应地不断增大。数字图书馆的存储介质由传统的纸质转变为多种媒体、数字信号,可以处理多种媒体的信息,如文字、声音、图像、动画、三维体、虚拟空间等。

(二)数字图书馆的模式发展趋向

一个良好的、高速的网络运行环境是运行数字化图书馆的基础。在这样的网络环境中,人们对数字信息的存取已经突破了数字信息存放的地点的限制,然而在网络空间中,还是需要人为地加上一些限制,必须重视网络空间的安全。在数字图书馆中应根据各种应用本身的需要来划分不同的层次,网上用户也应根据使用层次结合各馆的政策和规定检索不同层次的信息。读者在对传统的图书馆的使用中,往往被图书馆的地理位置所束缚,图书馆和图书馆之间的相互使用性,无法更好的发挥。而数字图书馆已远远超越了地理位置的限制,它通过网络和计算机,不仅将全国甚至全世界的数字图书馆有组织地连接起来,同时它还超越了时间和空间的约束,读者可以在任何时候,任何地方去获得任何自己所需要的信息资源。

数字图书馆所收藏的资源信息不限于印刷体,而是具有声音、图像、视频等多种媒体,它的存储载体也相应地有光盘、录音、录像带及各种类型的数字化、电子化装置,因此数字图书馆应提供生动、具体、逼真的形象资源。此外,由于读者提供信息资源一致性的服务,要求数字图书馆具有兼容多种语言的能力。不同文化背景、使用了不同语言的读者,都可以在数字图书馆中访问到多种数据库和知识库,取得自己的目标文献资源。

数字图书馆是一个将收藏、服务和人结合在一起的一个环境,它支持数字化数据、信息和知识的整个生命周期的活动,包括生成、发布、传播、利用和保存。它所提供的服务是主动式的,随时发布和广播各种信息资源的消息,它不断地、主动地为读者提供所需的信息资源,提供导航式和个性化服务。这样图书馆服务模式就由被动式转变为主动式服务。从根本上改变未来教育的模式和方法。数字图书馆应该不断地综合最新的科技动态,新科技和新学科的发展趋势,对读者进行信息资源的引导。数字图书馆拥有现实的馆藏和虚拟的馆藏,多种类型信息的处理,免费服务,服务模式的广泛性、服务内容的多样化,以及具有部分电子商务的服务模式,使其具有与传统图书馆不同的组织结构。这种结构的特点是立足于本体。作为一个信息站点,按功能或任务来划分组织机构,包括信息采集整理、信息资源的加工转换、信息发布和服务、数据信息维护等,作为全球数字图书馆的组成部分,应展开形式多样的资源共享,包括联合购买数据库,共同揭示报道馆藏资源,提供统一标准的服务等,但是在提供的资源或服务上必须强调特色,突出分工,相互协作,互尽义务,互惠互利;不同层次的读者可以享受到不同的使用权限;在不同违反版权和其他法律规定的前提下传递信息资源;对某些服务或某些读者的使用率进行正确的使用统计并合理的收费功能,可以结合电子货币结算功能。

一个现实的数字化图书馆在今后一段时间内将同时存在三种资源,即本单位收藏或开发的数字化信息资源;传统图书馆的印刷型资料,但应有各种数字化的索引;外界数字化图书馆、信息中心和电子出版物数据库的资料等,就长远观点而言,还应有国家级的"知识银行""文献数据库系统",供各个数字化图书馆共享。全世界已有包括美国国会图书馆在内的 1 000 多所公共图书馆、大学图书馆及 400 多个学术机构,将其联机馆藏目录通过 Internet 免费对外开放。它们已是虚拟图书馆重要的信息资源。

搜索引擎和全文检索的应用:搜索引擎是数字图书馆收集信息资源和读者查找数字图书馆的信息资源的重要工具,特别是近年来出现的动态建立索引的搜索引擎,能自动帮助数字图书馆收集和查找信息资源,它也是为读者提供定选服务的工具。

目前,经常使用的搜索引擎的种类大致可以分为五种:一是浏览式查询;二是按主题指南分类目录查询;三是利用检索软件进行关键词查询;四是用自然语言查询;五是集成式、多线索的检索。全文检索系统已越来越被大家重视,现代全文检索已引入超文本和超媒体的概念。它不但对本地数字图书馆的信息资源进行全文检索,还能提供超文本联想检索和网络检索,按读者的要求连接到另一个网上图书馆获取所需的资料,全文检索系统有自然语言接口等功能。具有智能的数字信息资源的检索软件简单地将传统的图书馆中惯用的检索手段如关键词、提名、布尔逻辑等查询方式应用于数字图书馆,但远远无法解决数字图书馆中浩瀚的信息资源的查准和查全的问题,而数字图书馆中存储的海量和多媒体信息需要有智能化的搜索引擎、交互式智能化而又简单易用的多媒体检索工具,让读者在数字化图书馆系统的各种数据库和知识库中获取有组织的、连续性的、真正所需的信息资源,让使用者不必预先了解或学习检索各种类数据库的技术和方法,这就意味着数字图书馆必须有统一检索界面的功能,并可根据读者的需求提供个性化的主动服务。数字图书馆在检索方法上的要求是以人工智能为基础,读者可以通过自己熟悉的自然语言,不断地与系统进行交互,逐步缩小搜索目标,最终获得确切的信息资源,检索的结果可以有多种形式的显示、表达或演示甚至构造虚拟现实。

在数字图书馆建设发展的形势下,从图书馆事业发展的角度出发,我们应及时了解、学习和吸收图书馆界的最新发展动向和最先进的信息技术,采用和发展先进技术,打造科技创新服务信息平台,把信息转变为生产力,更好地为社会经济的发展服务。

(三)高校数字图书馆信息数字化建设中的问题及对策

信息数字化作为数字图书馆的内容建设,是数字图书馆正常运转的关键步骤。但目前我国信息数字化中由于种种原因还存在许多问题,这些问题严重阻碍了我国数字图书馆的健康发展。因此,我国在实施信息数字化建设过程中,不仅需要更新观念、统筹建设,还要规范标准、加强立法、提高馆员素质,更要加强适合我国国情的技术创新。我们需要不断地总结经验,探索新的开发技术和工作方式,逐步将我国宝贵的传统文化遗产加以数字化,进而开发出具有中国特色的数字化产品。

从社会信息化环境来说,数字图书馆是运用计算机技术、网络技术、通信技术等多种信息技术,对不同载体和类型的信息资源进行搜集、选择和规范化处理,使之以数字化的方式存储,建立分布式的馆藏信息资源库和虚拟信息资源库,并通过网络向世界各地用户提供无时空限制服务的信息系统。数字图书馆的主要职能是搜集、保存和传递数字化信息,可以称之为数字化信息的存储和传递中心,因而信息数字化建设无论从质量还是从数量上都是数字图书馆发展的关键环节。信息数字化技术包括数字化信息的生成技术、存储技术和压缩技术等,其关键技术是数字化信息的生成技术和存储技术。

数字化信息的生成技术包括有键盘录入和非键盘录入两种方式,目前使用较多的数字化信息的生成技术主要是第二种方式。键盘录入是一种手工转换的文本模式;非键盘录入包括手写识别技术、印刷文稿扫描识别技术、语音识别技术。在信息数字化实际工作中,我国许多数字图书馆都采用两者相结合的方式来规避键盘录入的较高错误率和扫描方式对硬件的较高要求,也就是采用超星公司开发的数字化技术加上便携式文件格式(PDF)和超文本标记语言(HTML)格式。数字化信息的存储技术包括直接存储技术和网络存储技术。直接存储技术是目前大多数数字图书馆采用的数据存贮技术,主要包括光盘塔技术、磁盘阵列技术和磁带库技术;网络存储技术是海量数据信息存储的实现方式。

虽然我国数字图书馆建设中的信息数字化工作取得了一定的进步,但由于观念和技术的落后,信息数字化建设整体上呈现出数字信息资源重复建设严重、版权保护立法不健全、缺乏有力的技术支撑、标准和规范化建设滞后等问题。

重复建设问题。由于国内各地区、各系统以及各馆之间无一个权威的协调机构,也无规划布局和分工实施计划,数字图书馆建设缺乏全局性的统一规划和政府权威部门的协调,相当多的所谓数字图书馆建设仍处于各自为政、贪大求全和相对分散的无序状态,信息资源重复现象的问题严重。近年来,我国各级政府投入数字化建设的资金总额已达 36 亿元,在政府资金的大力支持下,各级各类数字图书馆都在进行数字信息资源建设,甚至引进 CNIK 等数据库,这种现象在各大高校数字图书馆的信息数字化中也非常普遍,在相当广的范围内存在潜在的数字信息资源重复建设问题。

知识产权问题。数字图书馆中信息数字化所涉及的知识产权问题包括信息来源的著作权的尊重和数字化信息建成后自身著作权的保护。随着数字图书馆的开通,数据库的利用将越来越广泛,由此产生的知识产权问题就不可避免,其中争论的焦点是关于网络作品的制作、传播和使用的版权保护问题,让一些数字图书馆在实践中遭遇法律尴尬。著作权人公开指责图书馆界滥用权利,严重损害了著作权人的利益;出版界也有人认为文献信息的数字化是复制出版界的出版物,在网上出现了成千上万的复制本,使出版界的经济利益受到损害;而图书馆界则认为信息获取的主动权完全掌握在版权人手里,这样会严重地影响知识的创造和传播。因而制定网上数字化文献的著作权法律法规已成当务之急。

技术应用问题。随着电子出版物的收藏和网络数字化资源的采集,图书馆越来越多的信息——入馆就是数字化的,而对于未数字化的传统馆藏,进行数字化转化所使用的技术主要是光学字符识别(OCR)扫描录入方式。一般的 OCR 录入系统能够实现对各种现代书籍、简繁体书籍、报纸杂志、公文档案的录入识别,且识别率高,还能实现各种校对,然而,对于馆藏文献的数字化而言,由于汉字的复杂性,OCR 对各类中文文献的识别远难于对英文和数字的识别,特别对含有繁体手写汉字的古籍文献、简繁混排的中文文献、专业性强的中文文献以及难以机检的汉字文献。OCR 技术目前还存在很大的误识率和拒识率,为此需要对 OCR 系统进行深入的研究和改进,提高其应用的全面性,并要引入中文校对、录入质量控制等技术,从而加强其管理功能。

标准与规范问题。目前,在信息数字化标准规范方面存在的问题主要有:一是缺乏对标准规范重要性的认识;二是缺乏普遍接受和广泛应用的关键标准规范;三是缺乏对标准规范建设的系统化把握;四是缺乏对标准规范的开放描述和开放应用;五是缺乏开放、联合、共享的标准规范建设与应用机制。例如,图书馆在信息资源建设过程中所采用的软件系统差异很大,如图书馆自动化集成系统等,其标准和格式都不一致,导致开发的数据库不能兼容,检索界面不一,检索途径也不同,检索语言也无统一的规范控制,无法在网上实现资源共享。

对于以上问题信息数字化发展建议采取以下对策。加强特色数字馆藏建设。只有具有特色的数据才能赢得较高的网络访问频率,才具有资源共享的价值,也是各大数字图书馆以最小投入换取最大效益的文献信息共享模式。因此,在进行本馆的信息数字化建设时,除了需要全面考虑文献价值、用户需求、载体形态、技术可行性和著作版权等一般因素,还需要科学而系统地考虑馆藏内容、馆藏特色,尤其是馆藏结构和馆藏级别。馆藏级别一般可以划分为永久保存级、服务级、镜像级和链接级四个基本层次。永久保存级馆藏是指具有确定的保存价值和用途,并具有唯一性的特色文献;服务级馆藏是指有用的和必需的虚拟馆藏;镜像级馆藏是指其他数字图书馆馆藏的拷贝,与永久保存级相同的是它们都是现实馆藏,与之不同的是它缺乏唯一性;链接级馆藏则是贮存于其他数字图书馆中的数字化信息资源,其内容较为广泛,与服务级馆藏相比,它与用户的相关性要低一些。只有通过这些特色数字馆藏的建设,才能真正优化馆藏文献的结构,加快馆藏信息利用,最大限度地避免重复建设,从而提高整个社会文献资源的保障水平和信息资源的开发利用效率。

1. 从信息源头加快信息数字化建设

文献信息资源的源头在出版社和出版商,每年都有数以万计的文献资源被出版系统数字化,这个资源如能加以利用,将是一笔巨大的财富。如果把信息数字化的生产重任交给出版商,将会带来很大的经济效益和社会效益:一方面可以大量减少信息资源重复数字化带来的人力、物力、财力的浪费;另一方面,信息资源数据库的建设者可以通过与出版社合作取得授权来解决信息资源建设、传播中的知识产权问题,既能保护作者的知识产权,又能照顾到出版商利益,同时还能让各类文化、科技的文明成果纳入数字图书馆,使其能为更多的人服务,创造出更大的价值。

2. 继续开发和利用先进技术

无论是从数字图书馆建设,还是从作为其一部分的文献信息数字化技术来说,技术问题仍然是制约着信息资源共享的主要问题。数字图书馆是采用现代高新技术的系统工程,不仅需要立项研究开发新的应用技术,而且还需要各种高新技术成果的及时转化和应用。目前,信息资源数字化的关键技术在发达国家已趋于成熟,国外的数字图书馆工程为国内提供了可借鉴的经验,加强技术研发工作可以从以下几个方面进行:一是从中国数字图书馆建设项目的实际出发,组织专人对信息数字化关键技术进行跟踪、研究、攻关;二是借鉴引进适合国情的国外先进技术和先进产品;三是集成和采用以国家计划为代表的国内已有的科技成果;四是开发适合我们自己的先进技术,如电子信息处理技术、指引库技术、语音识别技术及信息媒介技术,同时规范有关技术标准。

3. 促进信息数字化建设的规范化和标准化

信息数字化涉及文献描述、组织和检索多个方面,要使工作顺利进行,各个数字图书馆之间要能够共建共享信息资源,就必须统一标准,加强兼容性。因此,图书馆数字化建设要走资源共享的道路,必须打破各自为政的局面。各图书馆文献分类编目不统一,对资源共享造成很大的障碍,在书目数据方面,数据不标准就不能保证用户从各个角度迅速、准确地检索资料。因此,必须有一个数字图书馆全国中心,建立和健全全国数字图书馆使用的各种标准规范,协调规范资源库建设,解决信息数字化建设的标准化问题。根据标准,再由地区内、地区间各馆合作建库或由地区文献信息中心统一建库,各馆录用,最终达到全国的标准化。

4. 提高馆员的信息处理技术与研究人员的素质

随着信息资源概念的发展,文献信息数量和类型的增加,信息工作方式和手段的改进,图书馆的工作对象已不再局限于对传统纸质文献和某些缩微资料或视听资料的一般性收集、整理、组织、管理等工作,数字图书馆面临更多的信息载体和信息服务方式。例如,各种电子图书、网络信息资源、只读光盘和其他电子资料已成为数字图书馆采访和处理的主要对象,这对于长期熟悉纸质文献的传统图书馆馆员来说就是一个巨大的挑战,同时,数字图书馆还会带来一系列需要解决的新问题,如知识产权归属品种和复本的比例、购书经费的分配等。在书刊分类和编目工作上,馆员的技术性处理工作会迅速减少,但会被赋予需要更多知识的素质才能完成的新任务。也就是说,他们可能参与更多的信息技术工作、文献信息研究和用户研究工作。总之,现在图书馆工作者应当是信息专家和信息工程师,是信息系统的设计者,也是信息用户的导航者。鉴于此,在提升数字图书馆馆员的素质上,一方面可以通过吸收一批计算机、通信、外语方面有特长的人才充实图书馆人员队伍;另一方面应加强在职人员的培训,提高其计算机、英语和专业综合素质,及时调整和优化他们的知识结构,以适应信息资源数字化建设的要求。

四、图书馆建设是高校文化的建设高地

大学本身是一个文化机构。大学水平的提升实际上就是文化的提升与建设,或者说高水平的大学必是有一个高水平的文化与之相匹配,因此学校文化建设的任务就显得相当迫切。图书馆是一所大学的文化窗口和文化品牌,是一所大学的"形象大使"。作为学校文化建设的"头堡"和学校发展与形成核心竞争力的平台,图书馆在学校文化建设中有着责无旁贷的义务。

图书馆文化是在长期社会实践过程中积淀而成的一个综合体系,反映为图书馆的群体意识、价值观念、行为准则及其他管理特征的集合,包括图书馆自身形象、图书馆群体形象和图书馆公众形象。这些形象既包括有形的、可见的物质,如建筑风格、图书馆标识、环境、设施等,更包括无形的、看不见的精神,如办馆理念、服务宗旨、规章制度、创新精神、开拓精神、员工素质等。

图书馆的文化魅力主要是通过文献价值、服务品位、馆员人格来呈现。

首先图书馆是文献、知识、信息的记忆装置和扩散装置,图书馆文化的增值与扩散是通过文献的充分利用实现的。所以图书馆总是采取多种方式充分揭示和宣传馆藏文献信息资源,面向师生适时开展关于对文献、知识信息查询、检索、获取与利用,知识与素质的培训,为师生更好地利用文献信息资源搭建便捷、高效的信息服务平台。图书馆的服务是文化层次的反映,图

书馆文化建设实际上也是提高服务层次的过程,如何让师生员工更多一些满意是文化建设最重要的考虑内容。当然,最大的文化魅力是图书馆馆员这一文化载体,图书馆馆员是图书馆的灵气、魂魄、精神,是图书馆文化的传播者和创造者,正是图书馆馆员的素质决定了图书馆的文化。

　　作为文化场所的灵气、魂魄和精神,图书馆馆员是文献、知识信息资源的宣传、咨询员和导航员,图书馆馆员必须有自己独特的文化素养,这种素养表现为:知识学习、素质训练和道德修养。知识学习是图书馆对图书馆馆员的基本要求。职业的图书馆馆员的知识素质包括:系统的图书馆学专业知识,某一背景的学科专业知识,信息技术应用知识,除此之外,还应具备宽泛的学科文化知识。职业的图书馆馆员并非人们误解的"索书匠",而是知识宽泛的"博学者"。只有这样,才能应对更多的非特定用户的需求。职业图书馆馆员要掌握将非特定的信息知识与非特定的用户建立连接的素质。这些素质大体包括:选书(信息采集)、整序(信息开发)、组织(信息组织)、信息咨询、信息评价、用户沟通。也就是说,职业图书馆馆员不是简单地带读者到特定位置去取读者需要的书,还要为读者提供有价值的选书建议(包括各种相关的知识信息源),帮助读者选取到比读者自身意向更满意的文献(知识信息),同时还需具备与读者共同讨论该领域信息的能力。图书馆馆员的道德修养也称职业伦理,通常是由职业规范与职业精神构成的。职业规范是职业人正确处理与其自身职业相关的各种社会关系的总和。职业精神是职业使命、职业责任、职业纪律、职业态度、职业情感、职业作风等相互作用而形成的一种核心价值观,是统领和激励图书馆馆员发挥主观能动性,尽职尽责做好本职工作的内在精神动因。

　　图书馆馆员还要有自觉的文化意识,在多元、多变、多样的社会背景下,面对着浮躁、功利多重的诱惑,每一个人都容易对应当坚持的价值观产生偏移。面对多重的文化选择,要求图书馆馆员要有一个清晰强烈的文化自觉。所谓文化自觉是生活在一定文化中的人对其文化的自知之明,要明白它的来历、形成过程、所具有的特色和它的发展趋向。自知之明是为了加强对文化转型的自主能力,取得适应新环境、新时代文化选择的自主地位。文化自觉就是文化的自我觉醒、自我反省、自我创建。图书馆馆员要自觉弘扬社会主义核心价值观,树立正确的图书馆价值理念。要自觉地讲文化、讲品位、讲贡献、讲责任、讲道德,通过自身工作积极性、主动性、创新性的发挥,以实实在在的业绩证明个人价值的实现与图书馆的价值、高校价值是一致的,从而彰显图书馆的文化品位和价值力量。在当前的社会背景下,图书馆馆员容易产生一些负面的心理,如自责心理,认为在图书馆工作是一种职业选择的失误;自愧心理,感觉不如他人有厚实的经济实力;自弃心理,自甘落后,不求上进,主动放弃;自卑心理,认为图书馆的牌子比不上教学、科研和机关的牌子响亮;自馁心理,对搞好工作失去自信而畏缩;等等。这些需要图书馆馆员有一种"不抛弃、不放弃"的文化自觉来提振精神,有一种"各美其美,美人之美,美美与共"的文化自觉来创新文化。只有这样,图书馆馆员才能成为智慧的化身、纯善的知己、美丽的天使、和煦的阳光、亮丽的风景。图书馆馆员需要具备一种大爱之心,这份大爱之心表现为爱国、爱馆、爱岗、爱人、爱书和舒心、良心、专心、爱心、信心。

文化需要不断创新。文化是历史积淀的价值体系。文化的形成和历史所处的阶段密不可分。图书馆有量化管理和目标管理的传统,前者促进了图书馆业务管理工作的规范化和标准化,后者又为图书馆的各项工作提供了目标导向和目标激励,形成了图书馆特有的定额管理文化、精细管理文化和目标管理文化,这些都是我们宝贵的文化传统。但是任何文化都有两面性,例如定额管理有时会强调了"量"而忽略了"质",这不利于工作人员奉献精神和团队精神的培养。所以文化建设是对历史积淀不断传承、反思、批判、整合、吸收、创新的复杂过程。

如今图书馆已经不是单一的文献中心或信息中心,它已经是一个文化遗产宝库、文化信息中心、文化休闲中心,是每一个师生员工终身学习的学校,更是高校校园文化发展的基础。图书馆的管理已经进入知识管理的时代,它不是把图书文献当作"物资"而是"知识"在管理,不是把职工当作"人手"而是"主体"在管理,不是把读者当作"服务对象"而是"知识获取者"在管理。这种管理是以实现知识的价值和创新知识为目标,围绕以知识的增值和读者的需要为中心而开展的管理,需要我们不断去客观审视、理性把握、扬长避短、创新发展,这种管理呼唤着图书馆新的文化。

图书馆文化建设既有环境的美化,也有文化的装饰,有标识系统、学术讲座、制度规范,也有服务要求,但首要的或更多的是图书馆人对人生价值的追求。图书馆就是要通过以上的文化建设向每一个师生员工传递信任、负责、自尊、自重、自律、关爱、助人的高尚价值取向,向读者传播认真工作、开拓创新、努力进取的人生态度,弘扬高校文化价值的主旋律。高校是一棵树,它通过人才培养、科学研究和社会服务正在不断为社会、为国家结出丰硕的果实,在这棵树上,鲜花、绿叶和枝干都在发挥各自的作用,图书馆在哪儿呢? 它的位置在地下,图书馆是高校这棵树的根须,但却应当成为高校文化建设的高地。

第五章　高校学生公寓文化建设

第一节　高校学生公寓文化建设概述

一、高校学生公寓文化建设的重要意义

（一）校园文化建设的重要组成部分

校园文化建设是以学生为主体，以校园为主要空间，以育人为主要导向，以精神文化、行为文化和制度文化建设等为主要内容，以校园精神文明为主要特征的一种群体文化。校园文化是学校所具有的特定的精神环境和文化气氛，它包括校园建筑设计、校园景观、绿化美化这种物化形态的内容，也包括学校的传统、校风、学风、人际关系、集体舆论、心理氛围以及学校的各种规章制度和学校成员在共同活动交往中形成的非明文规范的行为准则，是引导人、鼓舞人、激励人的一种内在动力，是凝聚人心、鼓舞斗志、催人奋进的一面旗帜，会对大学生的思想政治、道德品质、日常行为产生深刻的影响，一所学校的校园文化可以展示出一所学校的形象与品位。学生公寓文化是高校校园文化的一个重要分支，通过充分发挥学生的主体作用，美化学生公寓的物质环境来陶冶学生的情操，通过开展丰富多彩、寓教于乐的学生公寓文化活动来促进学生的德智体美劳全面发展，通过建设学生公寓的制度文化来养成学生的规则意识，通过形成良好的风尚来引导学生的行为习惯。相较高校的校园文化，学生公寓文化属于新兴文化，具有很强的时代

感,更具吸引力和创造力,丰富了校园文化的内涵,增强了校园文化的活力。学生公寓文化同校园文化一样具有双向功能,即正向激励作用和反向激励作用,积极的、向上的学生公寓文化可以作为人才培养工作的有力抓手,消极的、萎靡的学生公寓文化会给学生健康成长带来不利影响。

(二)帮助学生尽快实现角色的转变

学生从高中步入大学,除了适应大学的环境,更重要的是要尽快地实现从高中生到大学生的转变。进入大学后,由于大学老师和高中老师授课的方法、模式有很大的不同,不再是家长和老师拿着"小鞭子"时刻督促学生什么时候该学习、什么时候该吃饭、什么时候该睡觉了,而是学生自己对自己进行约束和自由安排时间,很多学生会感到迷茫,不知道自己该做什么,灵活机动的课程设置、丰富多彩的课外活动、琳琅满目的科技创新,让他们不知所措。如果不能尽快地实现角色的转变,就不能更好地规划大学生活,导致学生在大学期间形成了两极分化:一部分学生合理规划了自己在大学的学习、职业发展、能力提升等方面的目标和方向,并且按照计划和学校提供的人才培养的平台一步步学习、提升、完善自己;另一部分学生到了大学快毕业了,还在迷茫中,有的陷入网络游戏不能自拔,有的追星忘了自己的主业,毕业后追悔莫及。学生公寓可以为学生的学习、研讨、交流提供合适的空间,相关的制度规定可以帮助学生养成良好的作息时间和生活习惯,新生老生学习互助小组、文化沙龙、学生组织和学生社团的"传帮带"等可以帮助学生明确大学生活的目标,辅导员和心理咨询教师、职业规划咨询教师等进学生公寓可以更有针对性地为学生成长成才提供智力支持和心理帮扶,在帮助学生尽快实现角色的转变方面起到了积极的促进作用。

（三）学生思想政治教育的辅助阵地

当今社会迎来了前所未有的大变革，经济发展速度空前加快，信息化和互联网技术有力地推动了科技进步，经济全球化、世界一体化等世界各国的联合和互动日益加深。我国正处在社会的转型期，随之而来的是思想文化领域也经历着前所未有的激荡，不良思潮中的拜金主义、享乐主义的滋生严重影响了学生正确的世界观、人生观和价值观的形成，良莠不分的网络文化也毒害着学生的意志，个性化的发展趋势和多元化的价值取向使得他们不愿意接受空洞的说教……大学生正处于学习能力最强、新鲜事物的接受能力最强的人生阶段，在社会发展和变革的大环境下，不可避免地要遇到各种问题和挑战。高校学生思想政治教育担负着帮助青年学生树立正确的世界观、人生观和价值观，培养社会主义建设者和接班人，培养能够担当民族复兴大任的时代新人的重任。学生公寓文化建设可以将社会主义核心价值观教育、爱国主义教育、集体主义教育等融入学生易于参与和接受的文化沙龙、主题活动中去，如开展需要宿舍全体成员参加的"宿舍总动员"等活动，通过美化宿舍、制作手抄报、爱国歌曲串烧、飞花令等活动培育学生的爱国主义和集体主义精神。学生公寓文化建设还可以把对学生道德修养的要求和日常行为的规范通过制作文明行为小视频、公共设施宣传语、安全教育宣传画等学生易于接受的形式传递给学生。学生公寓文化还可以充分发挥党团组织的作用，一方面加强对学生党员持之以恒的教育，使学生党员更加严格要求自己，时刻牢记共产党员的宗旨；另一方面让学生看到榜样，不是远远的遥不可及，而是自己也可以成为别人的榜样，激发他们见贤思齐的动力。

（四）帮助学生树立良好的规则意识

规则意识是现代公民意识的重要组成内容，是公民意识的核心要素，是衡量公民素质和社会文明程度的重要标尺。没有规矩,不成方圆,一个社会的正常运转,需要每个公民尊重和遵守各种规则,树立良好的规则意识,这也是每个公民应该具备的基本素质。党的十八届四中全会通过的《中共中央关于全面推进依法治国若干重大问题的决定》中强调:"加强公民道德建设,弘扬中华优秀传统文化,增强法治的道德底蕴,强化规则意识,倡导契约精神,弘扬公序良俗。"培育公民规则意识,对于国家全面推进依法治国等"四个全面"战略布局,增强国家的文化软实力,实现中华民族的伟大复兴的中国梦有着非常重要的作用。规则意识涉及道德意识、诚信意识、守法意识、敬畏意识、责任意识等各个方面,它不是与生俱来的,而是后天培育的,而学校作为教育人、培养人的主要阵地,更应该加强对学生的公民规则意识的培育工作。学生公寓是学生在校期间最为放松的地方,也最容易展现出没有约束的状态,因此学生公寓是高校培育学生规则意识的重要场所,可以从生活小处着手,通过制定科学合理的规则给学生以正确的导向,严格执行各项规则使遵守规则成为学生的日常习惯,进而将外在的规则变成人的内在需要。学生公寓文化建设包含制度文化建设和行为文化建设,良好的学生公寓文化能够对学生的日常交往和行为习惯的养成起到"润物细无声"的影响,有力地促进了学生规则意识的养成

（五）促进学生综合素质的全面提升

古语有云:"致治之要,以育才为先。"习近平总书记在党的十九大报告中提出,人才是实现民族振兴、赢得国际竞争主动的战略资源。随着经济的全球化和科技的飞速发展,人才成为必争之地,在这种人才争夺全球化的趋势之下,教育越来越受到重视,而学校作为教育的重要支柱,也受到了全社会的关注。现代社会看重的是综合素质人才,综合素质包括思想道德素质,要有

正确的世界观、人生观和价值观。"育人为本、德育为先"是实施教育的主导思想,立德树人是学校教育的根本任务,高校的主要任务是培养社会主义合格建设者和接班人,需要的是德才兼备的人才。一是文化素质,要有扎实的学习基础,足够的知识储备,创新的思维,广泛的实践;二是身体素质,良好的身体是开展工作的基础,只有健康的体魄才能"为祖国健康工作五十年";三是心理素质,要能正确评价自己,积极乐观,胸襟开阔,要以坚忍不拔的毅力面对挫折,增强自信心,培养良好的心理调适能力等。学生公寓文化建设中体现出的对于学生的爱国主义教育、集体主义教育等,不仅能够教育引导学生,也能够以情感激励学生,可以帮助学生提升思想道德素质;学习互助、沙龙研讨、创新创业讲座、文化交流、志愿服务等,可以帮助学生提升文化素质;各类健身设施的配置,趣味运动会、荧光夜跑等活动的开展,劳动意识教育等,可以帮助学生提升身体素质;情感小屋、轻松驿站的设置,心理健康教育、心理咨询进学生公寓,各类素质拓展活动的开展等,可以帮助学生提升心理素质……学生公寓文化建设能够有效地促进学生综合素质的提升。

二、高校学生公寓文化建设的基本内容

文化具有多样性和复杂性,很难有一个准确的、清晰的分类标准,一般把它分为物态文化、制度文化、心态文化和行为文化四个层次。物态文化是人类的物质生产活动方式和产品的总和,是可触知的具体实在的事物;制度文化是人类在社会实践中建立的规范自身行为和调节相互关系的准则;心态文化是人们的社会心理和社会的意识形态,是文化的核心;行为文化是人际交往中约定俗成的礼俗、民俗、习惯和风俗。与之相对应,高校学生公寓文化建设也包含了物质文化建设、制度文化建设、精神文化建设和行为文化建设四个部分,此外,文化组织是各种文化建设的基础和保障,高校学生公寓文化建设还应包含文化组织建设。

（一）物质文化建设

学生公寓物质文化建设，是在高校学生公寓的基础设施、硬件设施和空间环境等物质建设的基础上蕴含的精神文化的内涵，物质文化是一种显性文化，是一走进学生公寓就能被人感知的文化。加强高校学生公寓物质文化建设，要关注学生需求，完善学生公寓内的基础设施，如饮水机、热水器、宿舍内的电扇和空调的安装等。后勤社会化改革使得学生公寓的基础设施和硬件设施建设得到了很大的发展和改善，但是有的学校学生公寓基础设施和硬件设施建设方面投入不够，如有的地处夏季炎热的省份的高校，目前学生宿舍还没有安装空调或电扇。基础设施和硬件设施建设好以后，一定要丰富学生公寓物质文化的内涵，营造良好的生活、学习、娱乐的氛围，增添人文气息，在学生公寓中建设自习室、研讨室、活动室、音乐室、健身室、图书室等为学生提供学习、交流和放松的多功能场所，有利于学生思想交流、学术火花碰撞、情感倾诉、身心愉悦；要通过一系列文明行为标语引导学生的日常行为，通过张贴名言警句教育学生珍惜时光成长成才，通过悬挂学校文化景观宣传照片激发学生爱校荣校、热爱生活。合理规划学生公寓周边环境，优化学生公寓在大学校园中的环境布局，建设合理的绿化，让学生感到舒适和放松；建设食堂、运动场和超市，方便学生生活和学习；建设宣传和通知栏，占领思想引领的前沿阵地。通过环境建设承载文化建设，进而达到育人的目的。

（二）制度文化建设

制度文化是人类为了自身生存、社会发展的需要而主动创制出来的有组织的规范体系，如社会的法律制度、政治制度、经济制度以及人与人之间的各种关系准则等,都是制度文化的反映。制度文化具有双向功能,正如邓小平同志所说:"制度好可以使坏人无法任意横行,制度不好可以使好人无法充分做好事,甚至会走向反面。"科学合理的制度文化建设是学生公寓文化建设的制度保障,建设学生公寓制度文化不仅需要制定、完善学生公寓管理制度,更需要涉及学生公寓管理的各部门工作人员齐心协力,抓好制度的执行。建立健全学生公寓管理制度,一方面,要坚持"以人为本"的工作理念,充分了解学生的需求,做到人性化管理,用制度来约束学生、引导学生。如在制定学生宿舍的供电时间、网络运行时间、学生公寓的楼门开放时间、学生宿舍卫生检查标准等时要充分了解学生的需求和生活实际,在学生违反了学生公寓管理规定时,不得空洞地说教,要做耐心细致的思想教育,动之以情,晓之以理。另一方面,制度文化建设是一个不断运动、变化着的过程,要不断地根据实际情况进行修订完善,堵塞管理漏洞,为学生提供便利,在规范约束入住学生的日常行为的同时,也要加强对管理人员的教育约束,真正做到"为人师表"。学生公寓制度文化建设也是依法治校的一个重要体现,在制度实施过程中,通过以"法"服人,不仅能够维护校规校纪的权威,也能够发挥制度文化的育人功效。

(三)精神文化建设

精神文化是指属于精神、思想、观念范畴的文化,如价值观念、道德规范、心理素质、精神面貌、行为准则、经营哲学、审美观念等,反映其理论思维水平的思维方式、价值取向、伦理观念、心理状态、理想人格、审美情趣等精神成果的总和。精神文化建设是高校学生公寓文化建设的核心,具有指导作用,主导着学生公寓的物质文化、制度文化和行为文化,是反映学生生活理念、思想状况、学习态度、精神风貌,世界观、人生观和价值观的取向,持续的心理状态和审美标准等意识形态的总和,是在学生公寓中长期的熏陶和感染下形成的。建设积极、健康、向上的学生公寓精神文化,要以培育学生全面成长成才为目标,以社会主义核心价值观为导向,引领学生公寓文化建设的方向,将社会主义核心价值观的核心要义融入学生公寓丰富多彩的文化活动创建中,引导学生将外在要求内化为行为规范,以学生公寓物质文化建设的各项硬件设施为平台,开展形式多样的素质文化教育活动,加强学生的思想道德修养,提高学生的精神文化水平。通过积极、健康、向上的学生公寓文化建设,激励和培养学生营造良好风气,养成良好行为习惯,形成将个人发展融入国家发展的价值观念,并在实现自我价值的过程中得到提升。在此基础上,应充分利用信息化,建设好学生公寓线上、线下的学生精神家园。

(四)行为文化建设

行为是指受思想支配而表现出来的外部活动,是受思想决定的。行为文化是人们在日常生产生活中表现出来的特定行为方式和行为结果的积淀,是人们的所作所为的具体表现,体现着人们的价值观念取向,受制度文化的约束和导向。高校学生公寓行为文化是入住学生在学生公寓的集体生活中表现出来的行为方式,是受思想意识支配的,具体表现为入住学生的日常表现、沟通交流、生活习惯、网络行为、休闲娱乐等。良好的行为习惯对学生的成长和生活能够起到积极的促进作用,如卫生评比标兵宿舍、学霸宿舍等,宿舍全体成员的自我约束力都很强,行为养成规范,不仅可以展示出学生的个人修养和文化品位,也可以激励学生全面发展。学生公寓文化行为建设和物质文化建设、制度文化建设、精神文化建设一脉相承,相互影响。舒适美观的物质文化建设可以陶冶学生的情操,心理学中的"破窗理论"说明了环境的暗示和诱导作用,环境好就可以约束不文明人的行为,与之相反,环境不好也可以让文明人做出不文明之举,而入住学生的良好的行为习惯也会有力地促进物质文化建设;科学合理的制度文化建设可以规范学生的行为举止,有效地遏制住"破窗"的源头,反过来,入住学生的良好的行为习惯也会有力地维护规章制度的权威性,更好地发挥制度文化的育人作用;积极、健康、向上的精神文化,可以让入住学生在长期的文化熏陶下,形成正确的思想观念和行为准则,从而影响到学生的文明行为养成,与此同时,也能够塑造品格、提升精神。

(五)文化组织建设

文化组织是指为了实现一定的文化建设目标,按照一定的规范,相互协作结合而成的从事文化生产、管理、传播等工作的结构实体,是开展各种文化活动的主要单位,是文化建设中各类文化要素存在的基础和保证。学生公寓文化建设组织是高校为创建宜学宜居、宜智宜健的学生公寓文化,紧紧围绕着学校人才培养的工作目标,在学校的统一领导和统筹规划下,按照工作分工,相互配合,开展学生公寓物质文化、制度文化、精神文化和行为文化建设的组织实体,是学生公寓文化建设得以顺利开展的重要基础和可靠保障。高校学生公寓文化建设组织具体包括学校的后勤部门、物业公司、学生工作部门、各学院、各类学生组织等。学生公寓文化建设,需要这些组织都能充分发挥各自在学生公寓文化建设方面的职能和优势,形成工作合力,否则,任意一个组织工作的缺失,都会影响学生公寓文化建设的效果。

三、高校学生公寓文化建设的主要特点

(一)自主性

高校学生公寓文化建设的主体是入住学生,学生公寓各项基础设施和硬

件设施的使用者是入住学生,制度管理和约束的主要对象是入住学生,精神文化活动是围绕着入住学生开展并由入住学生参与实施的,行为文化建设也是以入住学生为群体展开的,离开了入住学生,学生公寓文化就失去了活力和生命。因此,学生公寓文化建设必须坚持以学生为本,以学生的成长成才需要、生活学习需求为出发点,结合高校对学生的教育、管理、服务的要求和学生群体的特点,充分尊重学生的主体地位,激发学生的"主人翁"意识,调动学生参与的积极性、主动性和创造性。在学生公寓中,学生可以根据自己的想法表达出对事物的观点,可以结合自己的时间和职业生涯规划选择各类讲座和沙龙来开阔视野、拓展知识结构,可以根据自己的学习习惯和学习进度选择合适的学习小组寻求指导、互助、提升,可以依据自己的兴趣和特长选择参加喜欢的文化活动,可以根据自己的情感需要和成长发展需求选择心理健康咨询和职业生涯发展咨询,可以按照自己的喜好进行床位和书桌的装饰和美化,可以根据自己的主观意愿选择参加各类自我教育、自我管理和自我服务的学生组织,主动参与学生自治,可以结合同宿舍学生的共同目标制定学生宿舍公约作为共同遵守的行为准则……以上种种,不仅体现出了学生的自主性,而且体现出了高校学生公寓文化建设的自主管理模式。

（二）多样性

高校学生宿舍与中学、小学学生宿舍的一个最大的区别,就在于住宿学生的多样性。目前,全国高校绝大多数是全国各省招生的,学生公寓大多数也是由学生公寓管理部门按照学生所在院系、学生所学专业集中住宿的原则进行安排的,具体到学生宿舍、学生床位的安排,一般是将同一院系、同一专业、不同籍贯、不同民族的学生安排在一起住宿。对于一间学生宿舍是这样,对于有着几百间学生宿舍的学生公寓更是这样。家庭因素、地域因素、经济因素产生的差异性导致了学生的多样性特点显著。学生在大学期间，正处在思想活跃、多元化发展的阶段，对待事物会有不同的认识和理解，通过相互间的交流、辩论可以达到思想的交融，形成多样的思维方式。同时，不同性格特点的学生住在一起，相当于一个"小社会"，对于培养学生的社会适应力很有帮助。不同个性和兴趣的学生住在一起，可以从不同的角度思考问题、碰撞出思想的火花，还能增强学生公寓文化建设的多样化和吸引力，激发入住学生的潜在能力和兴趣。虽然，由于作息时间不同、生活习惯不同、兴趣爱好不同有的时候会造成入住学生之间的矛盾，但是这些都会被学生公寓的制度文化、精神文化和行为文化建设所化解，多样化的学生公寓文化促进了高校学生公寓文化的建设和发展。

（三）包容性

学生公寓文化建设是高校校园文化建设的一部分，因此也具有校园文化的包容性。包容性的概念起源于经济学，其基本要义是让经济发展的成果惠及所有国家和人群。学生公寓的包容性体现在通过建设共享、开放的学生公寓文化，来吸引入住学生主动参与，提升入住学生的幸福感。首先，学生公寓文化建设有"温度"。在给学生提供各项设施、服务和沟通交流时，不能因为学生的年纪、家庭经济、民族等情况潦草了事，而是要通过及时、贴心的服务和关爱、暖心的行为，让入住学生感受到家的温暖，要充分照顾到特殊群体的需求，如在学生公寓中设置无障碍房间，为因伤病无法住在床架上铺的学生提供便利。其次，学生公寓文化建设有"黏度"。在生活空间的建设和使用上，充分了解不同学生的需求，结合不同学生的特点，建设能够满足学生多样化需求的生活空间，如健身室、音乐室、图书室、自习室和活动室等；在文化活动设计上，要充分考虑各类学生的特点，如年级特点、民族特点等,吸引各类学生主动参与文化共建,进行文化融合。最后,学生公寓文化建设有"气度"。高校学生来源的多样化,使得原生家庭对于学生的品德和行为产生的影响会一直延续,对于学生公寓内发生的矛盾,需要通过耐心疏导来着力化解,通过物质文化建设、制度文化建设、精神文化建设和行为文化建设来营造学生自主参与、健康和谐共进的成长环境。

(四)感染性

高校学生公寓文化是一个开放系统,无论是物质文化建设、制度文化建设,还是精神文化建设和行为文化建设,都是相互影响,相互渗透的,通过这种于无声处的方式,取得育人的良好成效。入住学生会受到学生公寓环境的感染,整洁舒适的环境会让他们生活愉悦,约束自己的行为。心理学上护花原理的解释是:"花园的美丽,需要人们用心灵的美丽来护持。你欣赏了他人品格的美丽与高贵,他自然就会以等价的行为来回报你的欣赏。"强调的是通过优美环境、自身品行等魅力来震撼人的心灵,对其他人的行为产生潜移默化的影响,从而达到教育的目的。一张看似并无特别的心理咨询海报,可能会是一个面对各种压力、精神几近崩溃的学生的救命稻草;一句面对挫折仍然奋勇前行的名人名言,可能会让一名遭受了挫折的学生以之为榜样重新振作;轻松驿站中减压的"宣泄人""摔跤人",以及可以胡乱涂鸦的白板,会让一名因精神压力过大而暴躁的学生放松下来、舒缓压力……物质文化潜移默化地感染着入住学生。入住学生会受到学生公寓管理部门的工作人员的感染,他们是和学生直接接触的群体,学生在大学期间正处在重要的转型阶段,他们的一言一行不仅会影响到学生世界观、人生观和价值观的形成,也会对学生正在成长中的身心产生很大影响。同一宿舍的同学经过不断的交流融合,会在思想认知、言谈举止和兴趣爱好上逐步趋同,相互感染,相互影响,优良学风宿舍、沉迷于网络宿舍是大学宿舍相互感染发展的两个极端。

(五)互动性

高校学生公寓文化是校园文化的重要组成部分,两者相辅相成、互动互进,校园文化建设为学生公寓文化建设提供了坚实的基础,学生公寓文化为校园文化增添了信息化、生动化气息,影响到学生在校生活的方方面面。现今高校的学生公寓不仅仅是学生休息的场所,也是他们相互交流、思想碰撞、学术研讨、信息集散的重要场所。来自不同地区、不同家庭环境的学生在学生公寓一起生活,由于年龄相仿,关注的事情很多是一致的,很容易形成互动,无论是关于专业学习的,还是关于时政要闻的,或者娱乐健身等,很容易形成话题,通过话题交流,使得不同文化、不同理念进行融合和碰撞,从而形成一致的观点或者趋同的价值取向。学生间的互动,丰富了学生的知识结构,他们相互学习、取长补短,是课堂教学的有益补充。互动性丰富了学生公寓文化建设的内涵,如有的高校建立了学生公寓楼的微信群,学生在遇到困难的时候可以在群中求助。有的时候晚上写作业时报告纸不够用,时间太晚没办法出去买了,群里发出求助信息,就会有学生给予"支援";有的时候身体不舒服想要借个体温计测量下体温,也能很快地在"群友"的帮助下找到体温计;有的时候假期回家忘记自己宿舍是否断电了,在群里向楼管员求助,楼管员就会帮忙确认并妥善处理好电源问题。学生公寓中学生之间、学生和公寓管理人员之间的良性互动,有力地推进了学生公寓互帮互助、团结友爱的氛围的形成。

四、高校学生公寓文化建设的主要作用

（一）教育引导作用

学生公寓文化内容丰富、形式多样，不仅有主旋律教育等显性的教育活动，如党团组织进学生公寓、党团知识竞赛等，还有各类宣传标语等隐性的教育活动，如文明行为养成计划、心理健康咨询等，对正处在成长阶段的大学生有着直接引领或者潜移默化的引导作用。学生处在大学阶段正是学习能力强、领悟力强、效仿能力强、可塑性强的人生阶段，积极、健康、向上的学生公寓文化氛围，能够增进学生交流，扩展学生知识结构，陶冶学生情操，培养学生兴趣，展示学生的特长，激励学生锐意进取、勤奋学习，引导学生全面健康成长，帮助学生塑造良好的品德、建设强大的心理、养成良好的行为习惯，树立正确的世界观、人生观和价值观。虽然我国的高等教育成果显著，但是也存在着诸多问题。由于家庭教育等因素的影响，有的学生"自我意识"强烈，过于强调自己的得失而忽视了集体的利益；有的学生学习目标不明确，学习没有动力，虚度光阴，抱着"及格万岁"的想法在混文凭；有的学生昼夜颠倒，熬夜玩游戏成了家常便饭，不仅影响了自己，还影响到同宿舍其他同学的休息。因此，学生公寓文化建设是把"双刃剑"，要充分发挥学生公寓文化在教育引导学生方面的正面的、积极的作用，培养学生成长成才。

（二）约束同化作用

由于学生公寓是一个人员密集的地方，学生来自不同的地区，有着不同的生活习惯和兴趣爱好，为了更好地维持学生公寓的正常秩序，将学生公寓建设成学生成长成才的平台，制度建设显得尤为重要。制度文化建设是学生公寓文化建设的一个重要组成部分，学生公寓管理方面的相关规章制度

会对学生在学生公寓中的生活行为画出不可逾越的"红线"。如严禁在学生宿舍内使用违章电器,严禁在学生公寓内高空抛物,严禁休息时间在宿舍、走廊里大声喧哗等,要求入住学生必须要进行自我约束、自我管理,学生公寓管理必须严格执行学生公寓管理制度。为了更好地度过大学生活,形成团结向上的学生宿舍风气,有的宿舍在学校的学生公寓管理办法的基础上还制定了更为严格的宿舍公约,目标明确,针对性更强,对于各项具体的事宜制定出全体成员都必须遵守的行为准则,大家相互监督、相互激励,不仅提升了学生的自我约束能力,也提高了学生的自我教育、自我管理能力。由于学生公寓中入住学生很多,其中不乏各方面都非常优秀的学生,有些高校评选了"优良学风宿舍",有的高校为卫生成绩好的宿舍挂上了流动红旗,这些榜样群体就在学生身边,入住学生身处学生公寓之中,不仅自己的思想品格、言谈举止会受到学生公寓制度文化的影响和熏陶,而且容易将自己的价值观念和言谈举止向身边的榜样看齐,相互同化作用显著。

(三)放松舒缓作用

大学阶段是学生从离开父母独自生活到将来步入社会的一个过渡阶段,大到专业学习,小到衣食住行等都需要自己来安排,在成长的过程中难免会遇到压力和挫折,如期末考试前的学业压力、毕业前的就业压力、情感发生变化时的心理压力、与同学发生了矛盾时的情绪压力、考试结果不如意的挫折、学生会竞选没有成功的挫折等,都会影响学生的心理健康,如果不及时进行放松和舒缓,有可能会带来比较严重的后果。高校学生公寓中的学生宿舍是学生在大学期间相对比较私密的地方,学生容易在学生公寓中展示出他们的真实情感,学生之间年龄相仿,人生经历也有相似之处,同龄人间交流更容易进行。宿舍是学生在大学期间的"小家",很多同学的压力和挫折都会在宿舍与舍友述说,舍友间温暖的劝慰和关心的话语会让他们紧张的心情得以缓解、放松下来。有的时候,细心、耐心和有爱心的楼管员也会成为学生的倾诉对象,帮助他们缓解情绪。随着后勤社会化的深入推进,各高校学生公寓管理和服务工作都围绕着学生的需求开展。有的高校的学生公寓中建有音乐室、减压室,让学生通过听音乐、打沙包、白板涂鸦等方式宣泄,进而缓解自己的情绪;有的高校开展了心理咨询进学生公寓活动,学生有了心理上的困惑,如果不能依靠述说、宣泄等途径解决,也可以向专业的心理咨询师求助。

（四）团结凝聚作用

高校学生公寓是一个学生密集度高的场所,学生分散地住在学生公寓中的各个学生宿舍之中,由于思想、观念、兴趣、爱好的交流,很容易打成一片,学生公寓中丰富多彩的文化活动正好为学生的团结凝聚提供了很好的平台。为了建设团结和谐的住宿氛围、化解宿舍矛盾、增强宿舍学生的凝聚力、加强对学生的集体主义教育,高校学生公寓文化活动中很多是以学生宿舍为单位开展的,要求宿舍全体成员一起参加,经过相互配合、共同努力来完成某项任务。例如,趣味运动会,在活动组织和开展中,通过加强宿舍成员间的互动,来增强宿舍成员的凝聚力和向心力,培养学生的团队协作能力和集体荣誉感。再如,学生宿舍精品招标活动,各宿舍可以围绕着如何增进宿舍成员间的凝聚力来提出需由全体宿舍成员参加的活动方案,经过评审获得学校的支持,效果好的还可以在一定范围内推广。通过学生公寓文化建设,不仅可以开阔学生的胸怀,增进他们相互之间的交流和理解,提升学生人际交往能力,加强集体主义教育,还能增强学生的自信,让他们意识到自己是集体的一员,同时也被集体需要,他们的努力程度会影响整个集体的成绩,增强了他们的归属感,从而激发他们对大学的学习和生活表现出更高的激情,充分发挥他们参与活动的主观能动性,进而更好地反馈到学生公寓文化建设中来。

(五)渗透熏陶作用

高校学生公寓文化建设能够对入住学生进行教育引导、约束同化,是除课堂教学、课外活动外能够实现育人功能的又一重要阵地。积极、健康、向上的学生公寓文化可以从思想上和言行上对学生进行渗透熏陶,学生宿舍卫生检查,可以让学生增强劳动意识,实现德智体美劳全面发展;学生公寓管理的相关规定,能够增强学生的规则意识,提高自我约束能力;各类文体活动的组织,能够帮助学生培养集体主义精神、放松心情、提升自信;各类沙龙讲座、创新创业活动的开展,能够帮助学生明确发展目标,实现全面发展。由于世界发展的全球化、社会发展的多元化趋势,再加上学生社会阅历很少,很容易被拜金主义、享乐主义等不良的社会思潮所影响,学生公寓文化建设通过开展"担复兴大任、做时代新人"主题教育、校友面对面等活动可以在引导学生树立正确的世界观、人生观和价值观方面进行渗透熏陶。当前在校的大学生,基本上是独生子女,从小受到家庭的关爱,步入大学后,没有了父母和其他家长的遮风避雨,在面对压力和挫折时往往会很焦虑,带有"家文化"色彩的学生公寓能够通过良好的环境、朋友间的劝慰、专业的咨询指导和相关设施设备对学生进行渗透熏陶,帮助学生缓解情绪,同时实现积极健康的人格的自我塑造。

五、高校学生公寓文化创建的工作途径

(一)学生公寓文化建设的工作原则

建设高校学生公寓文化需要坚持以学生为本的原则,培养社会主义建设

者和接班人是高校的根本任务,学生公寓文化建设必须围绕这个根本任务来开展,要关注学生的生活、学习、发展和心理,通过加强学生公寓文化建设、优化公寓环境、扩展文化空间、开展各类活动来为学生在大学学习和生活期间成长成才搭建平台。一是坚持工作全覆盖的原则。学生公寓文化是一种群体文化,会对所有入住学生进行约束、同化、渗透和熏陶,因此工作的覆盖面必须是全体入住学生。学生是学生公寓文化建设的主体,所以要充分调动学生参与的积极性和主动性,根据高等教育教学规律,深入了解学生的成长需求,分层次开展学习互助、创新创业、心理健康、职业规划、文娱体育、传统文化、手工工艺、摄影艺术等不同类别的活动,满足学生多元化的需求。二是坚持润物于无声的原则。学生公寓被称为学生的"第三课堂",自然是有别于课堂教学的"第一课堂"和课外活动的"第二课堂",学生公寓最基本的功能就是学生休息的场所,是学生在学习结束后可以休整放松的地方,如果在学生公寓中的活动也全部是灌输式教育或者带有强制性要求,会让学生觉得得不到休息。学生公寓文化活动应是学生可以根据自己的需求自愿选择参加的活动,通过参与其中,达到寓教于乐的作用。三是坚持学生自主性的原则。学生可以根据自己的需求选择活动,同时也可以主动参与活动的策划和组织,通过参与活动,达到自我教育、自我管理、自我服务的成效。

(二)形成学生公寓文化建设的合力

随着高等教育教学改革的发展,学生公寓已经成为高校人才培养的一个重要阵地,越来越受到高校的重视。因为学生公寓文化建设涉及的学生多、覆盖面大、内容多、部门多、育人任务重,所以高校应该充分重视学生公寓文化建设的统筹规划和顶层设计。应成立学生公寓文化建设工作领导小组,加强工作统筹,对学生公寓文化建设进行系统、科学、长期的规划,对分散在各处的文化资源进行整合共享和优化配置,对于单一、分散、封闭、低效的学生公寓文化建设体制按照多元、继承、开放、高效的目标进行升级改造,有力地优化学生公寓的物质文化、完善学生公寓的制度文化、升华学生公寓的精神文化和提升学生公寓的行为文化;明确各学生公寓文化组织的任务分工,明确工作职责,加强工作协同;加强对学生公寓文化建设的研究和指导,制订发展规划,并结合学生的实际情况对现有的工作载体进行不断的创新。应做好资金保障,充足的资金是开展学生公寓文化建设必不可少的重要支撑,要将学生公寓文化建设资金列入学校财政预算,保证资金的投入力度,提升资金的使用效益;拓宽资金的筹措渠道,积极开发社会资源,吸引校友捐赠、企业赞助等社会资金的投入。应建立有效的考评机制和多维度反馈机制,通过不断的迭代和更新,有力地促进学生公寓文化建设的良性循环。

(三)建设"品牌化"文化引领发展

关于品牌,美国市场营销大师科特勒认为,品牌是一种名称、术语、标记、符号或图案,或是它们的相互组合,用以识别企业提供给某个或某群消费者的产品或服务,并使之与竞争对手的产品或服务相区别。高校学生公寓文化建设品牌化,主要是从学生公寓文化建设的工作现状、工作特色入手,不断地寻找文化建设的工作规律,并制定创新型的工作机制和工作方法,将经济学领域中品牌化的概念与学生公寓文化建设工作相融合,通过建设品牌化,准确定位品牌,凝练和塑造学生公寓文化品牌形象,借助品牌化效应来提升学生公寓文化在入住学生中的影响,从而提升入住学生对学生公寓文化建设的认同度和归属感。实践证明,推进品牌管理、强化品牌项目管理,能够加强工作的整体设计,提升了学生公寓文化的品位和层次;能够将各类活动进行有效的整合,加强学生公寓文化的吸引力和感染力;能够将文化活动以学生喜闻乐见的方式和名字进行品牌传播,增强学生对于学生公寓文化的认同感。很多高校对学生公寓文化品牌建设进行了探索和实践,并取得了很好的效果。如杭州电子科技大学的"一见倾心""别具匠心""贵在知心""深入人心"的"和家园"文化建设,南昌工程学院的红、橙、黄、绿、蓝"五彩社区"建设,山东建筑大学学生社区的先锋红、硕果橙、感恩黄、雅居绿、活力青、个性紫和平安蓝"彩虹文化"建设,等等。

(四)学生思想政治教育进学生公寓

随着后勤社会化的推进、信息化和互联网技术的发展,学生公寓的开放性和时代性的特征凸显,再加上学分制等教学体制改革的推进,传统的思想政治教育的阵地正在不断地向学生公寓推进,学生思想政治教育进学生公寓越来越得到高校的重视。学生公寓文化建设就是一个将学生思想政治教育融入学生在学生公寓中的日常起居、学习讨论和人际交往等之中的过程,学生公寓文化建设已经成为开展学生思想政治教育的重要载体,让学生在学生公寓文化的熏陶和渗透下,接受教育、成长成才。学生思想政治教育的开展也丰富了学生公寓文化建设的内容,并提供了指导和帮助。例如,辅导员进学生公寓,充分发挥辅导员在学生组织建设、学生活动指导、学生职业生涯规划咨询、学生心理健康教育等方面的能力,指导学生自治组织建设,关注学生成长中的困惑,及时解决学生遇到的问题,化解学生之间的矛盾等;再如,学生党支部进学生公寓,通过开展"党群零距离、助学在隔壁"等学生学习互助活动及设立"党员示范岗",引领学生公寓自我服务组织建设等;又如,学生社团进学生公寓,充分发挥学生社团通过共同的兴趣和爱好来凝聚学生的作用,将入住学生团结凝聚起来,有效地促进了学生公寓文化建设。

（五）激发学生主动参与公寓的自治

学生公寓文化建设的主体是入住学生，如果没有入住学生的广泛参与，学生公寓文化建设就如同无源之水、无本之木。入住学生既是学生公寓文化的建设者，也是学生公寓文化的传播者，还是学生公寓文化的受益者，因此学生自治组织建设是学生公寓文化建设中的一个非常重要的组成部分。加强学生公寓文化建设，必须加强学生自治组织建设。目前，高校学生公寓文化建设中比较难解决的一个问题，就是学生参与的积极性不高。学生自治组织来源于学生，能够充分了解学生的需求，在活动设计上能够更加贴近学生、贴近实际、贴近生活；同时，学生自治组织的学生分散在学生公寓的各个宿舍，作为学生中的一员，身先士卒，也能够充分地调动学生参与活动的积极性。学生自治组织在学生公寓中开展的自我教育、自我管理和自我服务，朋辈之间的交流和相互理解，在一定程度上减少了在教育和管理工作中楼管员和学生之间的矛盾，使得教育和管理工作更容易被学生接受，自我服务的开展，能够成为学生效仿的对象，从而促进人人参与、互帮互助的良性循环的形成。

我国教育的根本任务是培养社会主义建设者和接班人，要办好教育、实现中华民族伟大复兴的中国梦就要坚定文化自信，用社会主义先进文化引导人。高校学生公寓文化建设是校园文化建设的重要组成部分，要始终坚持围绕学校人才培养工作，实现以文育人、以文化人。

第二节　高校学生公寓学生自治组织建设

一、高校学生公寓学生自治组织的机构体系

（一）学生公寓学生自治组织的工作任务

高校学生公寓学生自治组织的工作任务主要有三项：一是自我教育工作。自我教育是学生素质教育和终身教育的内生动力，对学生全面发展、健康成长意义重大，学生公寓中的党团支部、心理咨询、职业生涯规划咨询等都是学生开展自我教育的组织机构，充分发挥党员和学生干部的带头示范作用、党支部的战斗堡垒作用，通过党建带团建，开展学习互助活动、创新创业活动、各类党群活动等，调动学生参与活动的积极性，引导学生主动接受教育，提升自我教育意识。二是自我管理工作。在进学生公寓辅导员和学生公寓管理员的指导下，完成宿舍卫生检查、破损家具登记等工作，收集学生对于学生公寓管理的意见和建议，及时向有关部门反映。通过参加学生公寓学生事务管理，不仅可以增强自身的道德和行为意识，还能够缓和管理者和被管理者之间的对立关系，理解学校制定各项规章制度的初衷，体会到学校对学生成长的关爱之情，加深学生爱校护校情结。三是自我服务工作。由于受到社会环境、家庭环境等因素的影响，部分学生存在着只愿享受服务、不愿自己付出的情况，对学生正确价值观的形成产生了不良影响。通过开展自我服务，引导学生主动参与公益活动、参与志愿服务，让广大学生融入集体中来，使得学生间的关系更加和谐、更加团结，增强了学生的思想品德修养，助推了学生的全面发展和健康成长。

（二）学生公寓学生自治组织的组织体系

目前,很多高校的学生公寓学生自治组织都是以学生公寓学生自治管理委员会的形式建设的。学生公寓学生自治管理委员会建有章程,组织机构设有主席和副主席、各职能部门(综合部、宣传部、活动部、社团部、生活部等),以及各学生公寓的学生楼长、层长和宿舍长代表等,明确了各自的工作职责,换届办法、选举办法,活动开展的程序,经费的来源及管理办法,资源和文档的管理办法等事项。学生自治管理委员会的指导教师一般是进学生公寓的辅导员和学生公寓的管理员,有的高校还邀请了知名校友、教育专家、离退休教师和青年学者等作为学生公寓学生自治管理委员会的特邀顾问,对学生公寓学生自治管理委员会日常开展工作进行指导。学生自治管理委员会中各职能部门和学生楼长、层长、宿舍长代表是两条不同的管理途径,工作中既相对独立,又需要相互配合。各职能部门是开展自我教育、自我管理和自我服务等各项活动的策划和实施主体,各项工作的开展需要经由学生楼长、层长和宿舍长代表这条线来组织发动,学生楼长、层长和宿舍长代表除了将各项工作宣传、动员、执行到每个学生宿舍,还承担着学生与学校信息的上传下达以及学生公寓管理的监督等工作。学生公寓学生自治管理委员会组织体系的建设情况和工作执行情况,将直接影响到入住学生对学生自治管理委员会和学生公寓的认同感和归属感。

（三）学生公寓学生自治组织的实例列举

为了培养学生的自我教育、自我管理和自我服务能力,加强和改进学生公寓管理工作,目前很多高校都建有学生公寓学生自治组织。例如,人民大学于2004年建立了学生公寓学生自我管理委员会,这是一个以服务广大住宿学生、创建平安和谐公寓为宗旨,由党委学生工作部指导的校级学生组织,是学校学生公寓管理委员会的成员单位,设有综合服务中心、形象推广中心、文化发展中心、权益服务中心等四个中心,办公室、公关部、文宣部、网络部、社区研究部、社区活动部、三支社区服务队和秘书处等十个职能部门。再如,南昌工程学院在学生公寓管理、服务和育人工作的基础上,建立了学生社区,以学生社区为阵地,在学生社区成立了学生社区党委,在各学生楼成立了党支部,充分发挥党支部的战斗堡垒和思想引领作用;同时,还成立了共青团南昌工程学院学生社区工作委员会、学生社区学生服务中心,各楼成立了管理委员会,代表广大青年学生的利益,反映学生的心声,发挥桥梁纽带作用。又如,北京理工大学建立了学生社区学生组织——北理"良舍",通过在学生社区开展最美时光"寓"见你、美化宿舍大赛、发现宿舍好物、宿舍吉尼斯大赛、社区文化节和开展知识竞答、制作动画视频等精彩纷呈的各类文化活动来丰富学生课余生活、愉悦学生身心、增强学生宿舍凝聚力和向心力、促进学生公寓文明行为养成;结合学生需求,通过开展"学生宿舍卫生检查""学生宿舍数据统计、通知和服务到人""学生公寓楼微信群答疑"和"YES I DO 有求必应服务"等四项管理和服务项目,开展"飞鸽传书"义务取快递、配置自助洗衣机的洗衣袋等服务学生"最后一公里"的精准服务,建立活动积分制促进学生自我服务工作形成良性循环等,来增进学生公寓管理和服务工作的情感温度,提升学生自我教育、自我管理和自我服务能力。

二、高校学生公寓学生自治组织的工作内容

(一)开展自我教育,实现从"要我学"到"我要学"的转变

"要我学"是一种被动的学习态度,将学习作为一项工作、一种负担、一个包袱,不是学生主动的意愿,往往不能激发学生的主观能动性和自主性,是受

学生学习的内在动力影响的,学生内心中就没有想要学习,同时也会受到外部教育的方式、方法的影响。"我要学"是一种主动的学习态度,将学习作为一种兴趣、一种快乐、一种通向成功的过程,能够感受到学习带来的满足,是学生主观上想要主动学习的表现。在学生公寓学生自治组织开展的自我教育活动中,党团组织开展的学习结对子、一帮一,创新创业项目小组中的高年级学生对低年级学生的"传帮带",学生党员和学生干部榜样的示范引领等都会激发学生向优秀学生看齐的意识,在潜移默化的交流中,学习到课堂教学无法获得的东西,培养了学生的表达能力、沟通交流和团队合作精神。学生在开展安全知识宣传教育等自我教育的过程中,要想给别人一杯水,自己必须要有一桶水,首先必须自己深入领会和吃透安全教育对于学生公寓管理的重要性,必须自己掌握各项安全知识和各种令行禁止的行为,然后还要思考如何能够让每一个入住学生明确安全知识的重要性,采用哪种教育方式和教育渠道能够取得宣传教育的实效等,受教育者和教育者的角色互换,起到了比教育者说教更好的教育效果。在学生公寓中开展自我教育,提升了学生自我教育的内生动力,实现了由被动学习向主动学习的转变。

(二)开展自我管理,实现从"他律"到"自律"的转变

"他律"是通过他人的约束、检查和监督来实现规范和约束个人行为的过程,是个被动的过程,容易造成管理者和被管理者之间的矛盾,而且管理的人力成本、物力成本和情感成本等相对较高。在学生公寓管理工作中,"他律"是学生公寓管理员按照学生公寓管理规定对入住学生进行管理的过程,学生公寓管理员是管理者,入住学生是被管理者,两者在管理和被管理的过程中偶有矛盾发生,而且要想"他律"管理到位,确实需要人力、物力等的投入。"自律"指的是在没有人约束、检查和监督的情况下,通过自己对自己的要求,按照自己善良的意志和道德品质来自觉地按照规定办事,将各项规定铭记于心,来约束自己日常的一言一行,是一个主动的过程。在学生公寓管理工作中,"自律"就是将各项学生公寓管理规定内化于心、外化于行的过程,是学生主动的、自觉的行为,不仅可以减少管理工作中管理者和被管理者之间的矛盾,还可以减少管理工作中的人力和物力成本投入。学生在学生公寓中开展自我管理,不仅可以壮大学生公寓管理的队伍,而且通过参与管理,也能够实现自我教育,体验到规范、科学的管理工作对于维护学生公寓正常的生活秩序、保障入住学生的合法权益的重要性,从而更加认同学生公寓管理规定,主动地、自觉地遵守规则和捍卫规则,由被动的强制约束转变为主动的自愿自觉遵守。

(三)开展自我服务,实现从"人人为我"到"我为人人"的转变

"人人为我"是个人主义的一种认知,觉得所有人都应该为我服务,强调了只愿意享受别人提供的服务,不愿意自己为别人付出。"我为人人"强调的是先主动地、真诚地为别人付出和服务,然后将心比心,也能够获得别人的帮助和服务。人类社会的发展是建立在群居和社交的基础上的,现今社会是一个社会关系错综复杂的社会,影响着其中的每一个人,学生公寓的入住学生数量很多,也是一个小型社会。如果学生公寓是一种人人主动付出,愿意主动为别人服务,愿意参与志愿公益的团结友爱、互帮互助的氛围,那么入住的每一名学生都会受益,在自己需要帮助的时候能够获得帮助,在自己有余力的情况下能够为别人提供帮助,这种和谐的生活氛围不仅可以培养集体主义精神和团结协助能力,还有利于学生身心健康,促进学生的道德品格塑造和文明行为养成;相反,如果学生公寓是一种个人只顾个人、自私自利或者孤寂冷漠的氛围,那么也会影响到入住的每一名学生,垃圾随处乱扔、生病了没有人照顾、身边的人全是"事不关己、旁若无人"的态度,需要帮忙的时候旁边的学生冷眼旁观,这不仅会让人心变得更加冷漠,而且会影响学生的心理健康,甚至造成严重后果。在学生公寓开展自我服务,通过先主动服务,来营造我为人人、人人为我的氛围;通过主动服务来提升学生间的情感温度,进而营造团结友爱、互帮互助的和谐学生公寓氛围,为学生在学生公寓健康成长营造良好环境。

三、高校学生公寓学生自治组织的主要功能

(一)师生间的桥梁纽带

无论是教育者,还是管理者,最关心的一个方面就是受教育者和被管理者对于教育和管理的真实反馈,这也是进行工作迭代更新、不断向前推进的一个非常重要的方面。高校学生公寓的学生自治组织是在学校学生工作部门的指导下,开展自我教育、自我管理和自我服务的学生组织,他们在开展自我教育和自我管理工作时,会将学校的教育要求和管理要求落实到每一个学生宿舍和每一项工作或者活动之中。作为一线工作人员,再加上学生的身份,学生公寓自治组织成员和学生进行沟通和交流更加顺畅,更能了解学生的反馈和心声。在工作中,他们会将了解到的学生的需求、学生对开展的教育活动的反馈、学生对学生公寓管理工作的意见和建议,及时向学校相关部门反映,做好信息上传工作,为学校和学生公寓管理工作进行决策,制定规章制度,开展育人、管理和服务工作提供有力支持。因此,在很多高校的学生公寓管理委员会中,学生公寓学生自治组织都是其中的成员单位。同时,因为学生公寓是目前高校教学体制改革后,学生在学校内待的时间最长的一个场所,原有的班级的模式有所淡化,再加上一些高校为了给学生提供更好的体验,让学生将更多的时间和精力投入学习和提升综合素质之中,

正在推进学生事务的扁平化办理,一些工作的通知、数据的统计、证件的发放、工作意见或建议的征集等信息下达的工作,也都通过学生自治组织来完成,因此学生自治组织建立起学校和学生间信息上传下达的通道,成为师生之间的桥梁纽带。

(二)团结激励凝聚学生

学生自治组织的成员是学生骨干,来自学生公寓各个学生宿舍,由不同年级、不同专业学生组成,学生干部在日常的学习和工作中较一般的学生而言,对自己的要求更高,在学生中的威信较高,沟通和协调能力较强,有一定的带头示范作用。因此,学生自治组织在开展活动时,通过学生骨干建立的组织机构网络,能够对学生进行网格化教育、管理和服务。学生干部通过发挥自己学生骨干的带头作用和个人的引领能力,能够影响到身边的学生。当学生对学生公寓管理工作质疑时,能够及时了解到信息,有针对性地疏导其负面情绪,站在学生的立场上讲明学校的各项规章制度制定的初衷,及时解决苗头性问题;当开展各类活动时,能够及时动员学生积极参与,以活动为载体将学生凝聚起来;当学生之间产生矛盾时,能够通过谈心、开展宿舍集体活动等方式疏导和缓解,帮助宿舍营造和谐氛围;当学生感到迷茫和情绪低落时,能够主动关心,提供信息支持和情感支持,帮助学生尽快回归正常的生活轨迹。通过开展满足学生成长成才需求的、带有情感温度的、有助于营造良好生活氛围的教育、管理和服务工作,能够现身说法,将广大学生吸引过来、凝聚起来,让大家自觉地融入集体生活之中,受到良好的学生公寓文化的熏陶和感染,进而实现个人的全面发展。

(三)实现学生互帮互助

随着教育理念的不断发展,如何启发学生进行自我教育越来越受到各高校的关注。由于大学生群体年龄比较接近,教育背景接近,近些年来发展起来的朋辈教育也成为启发学生开展自我教育的一条新的途径。朋辈教育也称同伴教育,指的是针对现在的青少年更加愿意听取年纪相仿、知识背景和兴趣爱好相近的朋友的意见和建议这一现象,利用学生的趋众倾向,先对部分有影响力和号召力的学生进行培训,使其掌握一定的知识和技巧,然后由他们向周围的学生传播知识和技能,以达到教育的目的。参与朋辈互助的学生,相互间是平等的朋友关系,不存在教育者和受教育者之间的代沟,而且参与者之间互动性明显,更利于交流和分享。例如,在新生入学期间,中国人民大学设立了朋辈互助计划,作为"志愿北京"中的志愿项目之一,招募高年级学生志愿报名与新生结成一帮一"互助对子",帮助新生尽快地适应大学的学习、生活和心理环境的变化;再如,中山大学定期开展了以"让心灵靠近心灵,用生命影响生命"的"朋辈互助发展"学生培养计划,制定了多角度、多层次的培养体系;又如,长安大学开展了朋辈互助学习工作坊,推进学业精准帮扶。学生公寓学生自治组织开展的以提高学习成绩为目的的学业帮扶、以缓解压力舒缓心情为目的的心理咨询、以帮扶就业为目的的就业信息服务等,都是学生间开展的互帮互助活动,不仅为特定群体提供了精准帮扶,还利于学生公寓和谐氛围的营造。

(四)发挥榜样引领作用

学生公寓学生自治组织是学生在学校学生工作部门的指导下,开展自我教育、自我管理和自我服务的学生组织。为了使广大入住学生参与其中,并且对学生自治组织形成认同感和归属感,学生自治组织的成员,都是自愿、主动参与工作的学生,很多都是学生党员、学生干部和学生宿舍的宿舍长,有一定的群众基础。在设计活动方案时,学生自治组织会将教育和管理工作的具体要求与学生的需求、兴趣和实际情况相结合,采用学生喜闻乐见的方式开展。例如,变枯燥的安全知识宣讲为动画视频或者有奖竞答等形式;在制定服务项目时,会近距离调研学生关于学生公寓服务的需求,提供有针对性的精准服务;在开展活动时,自己先主动参与、自动付出,先做"我为人人"的部分,因为青年学生的趋众心理,在这些学生骨干的带动下,广大学生就会积极、主动地参加各种活动项目,开展互帮互助工作。在活动中,为了起到更好的示范和引领作用,学生自治组织的学生都会高标准地严格要求自己,主动学习、主动服务,而且学校的学生工作部门也会对他们进行工作能力、业务知识、沟通技巧和心理健康等方面的培训,对于这些学生的日常品德修养和行为养成起到了很好的促进作用。由于他们就在学生中间,是学生中的一员,因此也更容易成为学生学习的榜样。

(五)开展思想政治教育

随着社会的发展和多元化思潮的涌入,高校思想政治教育也结合实际不断地进行着创新,学生公寓中学生的集中性和稳定性相对较高,高校思想政治教育进学生公寓顺势而生。在高校学生公寓中开展思想政治教育的负责单位一般是学校的学生工作部门,负责执行具体工作的一般是进学生公寓的辅导员。但是由于学生公寓入住学生人数众多,进学生公寓的辅导员的配置往往人数较少,远远低于1：200的比例,为了更好地开展思想政治教育进学生公寓工作,辅导员通常借助学生自治组织这个渠道来完成。一方面,学生自治组织人数多,而且学生的辐射和引领作用较强,可以解决进学生公寓辅导员人数不足的问题;另一方面,学生自治组织中设有学生公寓学生楼长、层长和宿舍长代表,开展工作时能够覆盖到全体学生宿舍,并实现网格化的管理,能够保证工作的覆盖面和对应急事务的快速响应。此外,学生自治组织来源于学生,更加了解学生的需求和兴趣,开展活动时,更容易团结凝聚学生,学生愿意积极主动地参加,朋辈间的教育、管理和服务,能够让学生敞开心扉,相互理解,增强互动性,增进认同度和亲密度,实现心理上的自我调节和自我完善。思想政治教育进学生公寓已经成为传统思想政治教育的重要补充,有力地增强了思想政治教育的实效性;学生自治组织已经成为继进学生公寓辅导员、学生公寓管理员之后的第三支开展思想政治教育进学生公寓的工作队伍,越来越受到高校的重视。

四、高校学生公寓学生自治组织的建设途径

(一)加强对学生自治组织建设的工作指导

学生公寓学生自治组织的主体是学生,由于学生处在大学阶段,正是学习实践成长、身心发展完善的关键时期,这一时期,他们的思想并不成熟,也缺乏社会经验,看问题、做事情容易片面,也容易因为遇到困难和挫折而选择放弃,对开展工作面临的应急问题没有准确预判,往往在面对突发状况时不知所措,但是这个过程又是他们通向全面发展的一条路径,只有通过不断的实践,才能让思想更成熟、认识更全面,才能提升工作能力和工作水平,才能在处理复杂问题的时候经验更丰富。因此,在内因起作用的过程中,外因也很重要,要加强对学生公寓学生自治组织建设的工作指导。进学生公寓辅导员作为学生公寓学生自治组织的指导教师,在工作中要把握正确的教育方向,发挥思想引领作用,营造宽松的教育环境,要努力提升学生对参与自我教育、自我管理和自我服务工作的重要性的认识,要加强对学生干部的管理、培养和使用,给他们压担子、促成长,要做好学生自治工作范围的界定,同时要加强学生自治组织的管理,使他们既不能以管理者的身份高高凌驾于学生之上,也不能以学生的身份为日常违纪行为的学生"打掩护",要结合学生的实际需求,将学生公寓学生自治组织建设成为师生间、学校和学生间的桥梁纽带,建设成为学生提升综合素质的平台,建设成为开展思想政治教育工作的阵地。

(二)建立健全学生自治组织建设工作机制

健全的机制建设是学生公寓学生自治组织开展工作的重要保障,高校要重视学生自治组织作为学校和学生之间的桥梁纽带作用的发挥,要将学生公寓学生自治组织纳入学校学生公寓管理委员会的成员单位,参与学生公寓管理相关议题的研讨,为学校学生公寓管理相关工作决策提出意见和建议,将相关的通知传达到学生中并做好解释说明。要建立学生自治组织的工作章程,对学生开展自我教育、自我管理和自我服务工作的工作职责和工作纪律做出明确规定,要根据具体工作制定工作制度,规范工作的开展,如针对学生公寓宿舍卫生检查工作,制定学生宿舍卫生评分标准,制作统一的工作证件,制定工作规范,组织学生开展学生宿舍卫生检查。要建立学生公寓自治组织的推选换届办法,学生的流动性强,但是学生公寓是一块铁打的营盘,学生自治组织的学生干部可以采用推荐和自荐相结合的方式选举产生,选拔思想作风正派、组织协调能力强、工作成绩显著、群众基础好的学生担任,做好工作的传承和创新。要建立学生自治组织的管理培训体系,通过思想引领确立目标、建立目标管理责任制、开展各项活动策划等,实现学生自治组织学生干部的培养和使用的有机结合。要建立学生自治组织建设的考核评价体系,通过科学合理的管理来激励学生主动参与自我教育、自我管理和自我服务,设置优良学风宿舍等学生评优奖项,将学生在学生公寓的日常表现和宿舍卫生情况作为学生综合素质测评的一项内容,将学生党员联系学生宿舍情况作为学生党员密切联系群众、发挥先锋模范作用的一项考核内容。通过建立健全学生自治组织建设工作机制,为学生公寓学生自治组织建设提供有力保障。

(三)创新和丰富学生自治组织建设的载体

高校要充分发挥学生公寓学生自治组织在学生自我教育、自我管理和自我服务中的作用,使学生积极参与到自身日常的教育、管理工作中去。要积极推进党建工作进学生公寓,构建覆盖面广、充满活力的学生公寓党组织体系,扩大党组织在广大学生中的感召力、凝聚力、领导力和影响力,成立学生党员工作站,积极开展爱国主义教育、职业生涯规划教育、心理健康教育、创新创业教育等,协助进学生公寓辅导员和学生公寓管理员做好学生的日常教育管理工作,如结成一对一帮扶对子开展定点帮扶等。要积极推进团建工作进学生公寓,充分发挥共青团"第二课堂"的作用,开展主题教育、实践活动和生活教育,引导学生积极参与,在体验中受教育、长才干。要积极推进学生社团进学生公寓,学生社团具有自组织的特征,社团成员的广泛性和平等性增强了学生参与活动的主动性和积极性;社团活动的丰富性和品牌化,能够满足不同类型学生的发展需要和心理认同;社团文化的多样性和辐射性,能够陶冶学生情操,提高学生综合素质。要积极推进志愿公益活动进学生公寓,通过开展学生自我服务,不仅可以营造良好的学生公寓氛围,还能够让学生在活动中接受教育、提升能力。要积极推进学生公寓文化建设,加强环境、空间建设,建立健全制度文化,开展丰富多彩的文化活动和行为养成教育,充分发挥文化育人、文化化人的作用。通过不断创新和丰富学生自治组织的载体,增强学生公寓学生自治组织建设的活力。

(四)发挥学生党员和学生干部的引领作用

由学生干部搭建起的组织机构可以称作高校学生公寓学生自治组织的

四梁八柱,而学生干部是里面最重要的环节。如果学生干部对自治组织认同不够、能力不足、责任意识不强,就会影响整个学生自治组织的建设。因此,为了实现可持续发展和不断增强其在广大学生中的认同度,学生公寓学生自治组织的学生干部不仅要具备良好的思想政治意识、较强的组织协调能力,还要具备良好的群众基础。广大学生的认同、支持和参与是学生自治组织存在和发展的必要条件,学生自治组织的感召力和影响力一定程度上来源于学生干部。第十四次全国高校党建工作会上提出"要积极探索在学生公寓、学生社区和学生社团组织中建立党组织,不断创新党的组织设置形式"的要求,很多高校开展了党建进学生公寓工作,将学生党建和学生自治组织建设相结合,在学生公寓中建立党支部和党员工作站等党组织。党组织在学生中的认同感一定程度上取决于学生对学生党员的认同度,加强学生公寓学生自治组织建设,就要充分发挥学生党员和学生干部的引领作用,通过学生党员和学生干部在日常学习和生活中的"传帮带",以学生需求为出发点搭建提升学生综合素质的平台,及时解决学生的困难和困惑,增强学生自治组织的吸引力和感召力,增进学生对学生自治组织的认同度,营造良好的学生公寓氛围,从而加强学生公寓学生自治组织建设。

(五)引导学生主动参与推动形成良性循环

学生自治组织开展工作的主体是学生,学校方面起到的是指导作用,学生公寓学生自治组织建设能否取得成效,学生是内因,指导是外因,内因起到主要作用,但是内因的启动需要外因的推动。学生公寓学生自治组织建设需要学生的积极参与,通过最初由学生自治组织来开展,逐步引导学生主动参与,最终形成良性循环,实现自我教育、自我管理和自我服务。例如,随着网上购物的普及,现在学生的购物方式大都是网上购物,因此快递很多,如果取快递的时间与上课或参加活动的时间冲突也会造成困扰,于是一些学校开展了义务取快递工作,最开始是自治组织的学生负责到快递点取快递并送到学生宿舍,通过建立规则(如每人最多享有取快递服务5次,可以申请参加取送快递服务为别的同学取送快递,每参加1次,可继续享有取快递服务1次,不设上限)引导学生自己主动参与,形成"人人为我,我为人人"的良性循环。再如,开展学生公寓微信群答疑服务,最开始学生自治组织安排线上服务人员,解答学生的各种问题(如宿舍设施坏了如何报修、校医院的开放时间、哪里有眼镜店等),慢慢这个平台成为学生相互帮助的一个交流平台,问的问题不仅由安排的线上服务人员解答,群里的同学也解答,如有的学生急需温度计或者实验报告纸,群里就会有学生说自己有,并提供宿舍号。通过引导学生主动参与学生自治组织开展的活动形成良性循环,一方面培养了学生自我教育、自我管理和自我服务的能力,提升了综合素质和社会适应力;另一方面营造了宜学宜居、宜智宜健的学生公寓氛围,将学生公寓建成学生成长成才的平台,参与的学生越多,活动的覆盖面越广,受益的学生也越多。

互联网技术和信息化技术的飞速发展使得现今社会变成了一个知识大爆炸的社会,现代社会发展的一个特征就是学习型社会,要求其中的每个人都要树立终身学习和教育的意识。如今知识更新的速度正在逐渐加快,一个人如果不及时更新自己的知识,将很快被淘汰。因此,培养学生的自我教育、自我管理和自我服务能力,能够促进他们不断地自主学习,掌握更多的知识,能够促进他们不断地丰富和完善自己,更好地适应社会发展的需要,这已经成为高等教育发展的必然要求。

参考文献

［1］ 冯刚,孙雷.新时代高校校园文化建设概论［M］.北京:光明日报出版社,2019.

［2］ 陶元.文化自信引领高校校园文化建设研究［M］.北京:中国原子能出版社,2020.

［3］ 刘新刚,宋珊珊,王旭东,等.新时代我国大学文化建设的理论与实践:以北京理工大学为例［M］.北京:北京理工大学出版社,2020.

［4］ 程莉.新时代大学校园文化建设［M］.北京:中国原子能出版社,2020.

［5］ 陆宝萍.高校学生公寓管理及文化建设初探［M］.北京:北京理工大学出版社有限责任公司,2021.

［6］ 梁清.跨文化交际视角下高校校园文化建设理论与实践［M］.北京:时事出版社,2021.

［7］ 李文喜,张玉龙.校园文化品牌建设新视野——以滨州医学院"三个校园"建设为视角［M］.北京:新华出版社,2021.

［8］ 赵翔,张博.高校校园文化建设的多维度探究［M］.西安:西北工业大学出版社,2021.

［9］ 孙晓峰.地方应用型大学文化建设的探索与实践——池州学院校园文化建设研究［M］.长春:合肥工业大学出版社,2021.

［10］ 王炳堃.高校大学生管理教育与校园文化建设［M］.长春:吉林出版集团股份有限公司,2021.

［11］ 尹秀坤.校园文化建设的理论与实践研究［M］.北京:中华工商联合出版社,2021.

［12］孙利,刘存福,等.红色基因 不竭动力:北京理工大学文化建设的传承与思考［M］.北京:北京理工大学出版社,2020.

［13］马志强,周国华.新时代高校组织育人理论与实践［M］.镇江:江苏大学出版社,2021.

［14］吴奕,金丽馥.新时代高校文化育人理论与实践［M］.镇江:江苏大学出版社,2021.

［15］王艳红.高校校园文化的构建及发展研究［M］.长春:吉林出版集团股份有限公司,2020.

［16］陈涛.行业特色校园文化建设探索——基于"双创"育人理念的思考与实践［M］.北京:光明日报出版社,2018.

［17］代祖良.创新校园文化的途径与方法［M］.北京:光明日报出版社,2018.